내 인생은

지금 잘 지내고 있는 걸까

언제까지 아무렇지도 않은 듯

단련된 것처럼, 당연한 것처럼

이리 살아가야 하는 걸까

잘 지내고 있다는 거짓말

글 김이율 / 그림 박윤음

감성카페툰

잘, 지내고 있다는 거짓말

김윤 x 박윤음

하나에서 열까지
온통 서러움투성인데.

왜 눈물겹지
않겠습니까?

당장이라도
그대 품에 안겨
울고 싶습니다.

그렇지만 오늘도 안 아픈 척,

괜찮은 척,

아무렇지도 않은 척

이렇게 거짓말을 합니다.

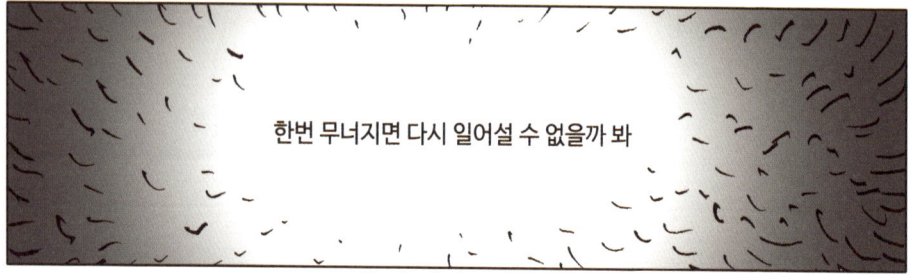

여태 잘 참아온 내가
한순간에 와르르 무너질까 봐

한번 무너지면 다시 일어설 수 없을까 봐

이렇게 거짓말을 합니다.

잘 지내고 있어.
걱정 마~

잘 지내고 있어요.
전 괜찮아요~

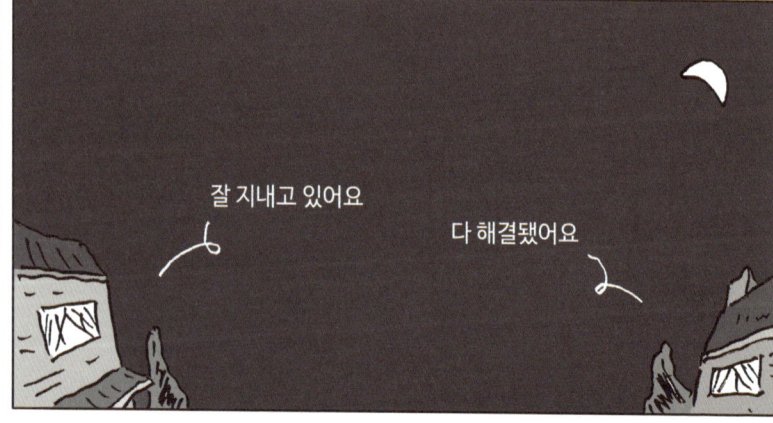

잘 지내고 있어요

다 해결됐어요

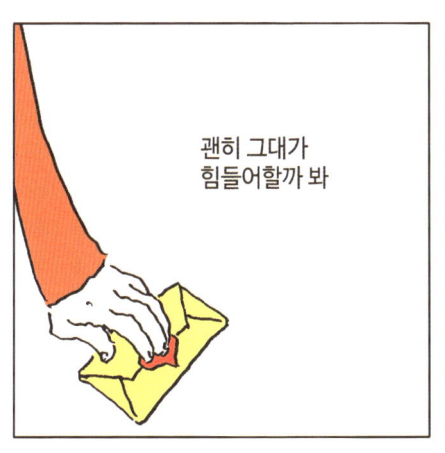

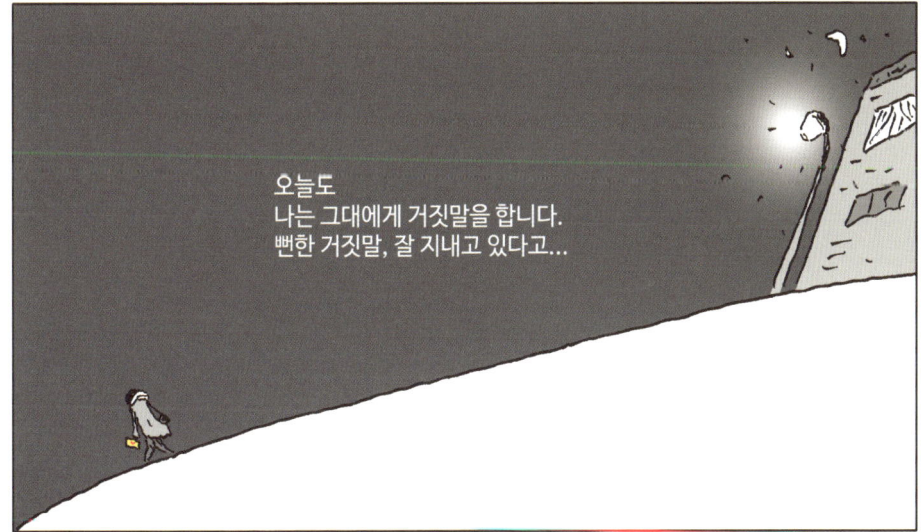

Contents

1장 내 인생, 잘 지내고 있나요?

사람이 그리운 날이 있지요 · 18
나만의 다락방을 갖고 싶다 · 22
그냥 하염없이 눈물만 · 26
잘 알지도 모르면서 · 30
어쨌든 감사 · 32
잘 지내고 있다는 거짓말 · 34
그대가 없지만 그대가 있습니다 · 36
그 눈물, 여태 잘 참고 있었는데 · 40
마음의 창문 · 46
아무 것도 하기 싫은 날 · 47
도망 · 48
오늘도 수고했어요 · 50
별일 없음의 고마움 · 52
서울 장수막걸리 · 53
그냥이라는 그 흔한 말 · 54
지금은 아무 것도 하지 않을 타이밍 · 56
사랑을 한다는 고마운 기적 · 62

2장 누군가를 진정 이해한다는 것은

바보처럼 살았구나 · 68 / 그냥 마음만 알아줘도 · 70

세월의 틈 · 74 / 버리지 못하는 것도 병이다 · 76

잠시 안녕, 내 아지트 · 78 / 보이지 않는 고약함 · 80

헐렁하게 살자 · 82 / 힘내라는 그 흔한 말 대신 · 86

의자 · 90 / 멀리 떠나보낸 후 · 92

그러든지 말든지 · 96 / 추월해서 도착한 곳이 지옥이었다 · 98

롱테이크 · 104 / 봄, 누군가를 · 107

우리가 놓치고 있는 한정판 · 110 / 힘들어하는 당신에게 · 116

사람이 문제이고 사람이 답이다 · 117

이 순간도 인생은 흐르고 · 122 / 안경테를 바꾸고 · 124

3장 당분간은 내가 나에게 신경 좀 써야겠습니다

기억은 머리로, 추억은 가슴으로 · 128

사랑은 발견하는 게 아니라 지켜주는 것이다 · 130

살아있는 한 삶이니까 · 134 / 여기까지 오느라 참 수고하셨습니다 · 138

긍정의 페달을 돌려라 · 140 / 지금의 나는 누가 만들었을까 · 142

앉은 김에 잠시 쉬었다 가요 · 146

그때 그 아이는 지금 어디로 사라졌을까 · 148

당신의 존재 · 152 / 비가 온다 · 153 / 그대, 어디 계신가요 · 155

폭염의 밤 · 159 / 벚꽃 엔딩 · 160 / 더 쓰려야 한다 더 아파야 한다 · 162

어떡하죠 · 163 / 액세서리 · 164

생각만 해도 설레는 그것, 첫사랑 · 165 / 처서 · 172 / 숙제 · 173

4장 흔들리는 나를 잡아주는 그 무엇

스물 셋, 그 깊이에의 프로포즈 · 176
굿바이, 형광등 · 178 / 생각의 그릇 넓히기 · 180
너는 잘 살아지니? · 184
로또 당첨이 되는 방법이 뭘까요? · 185
왜 가장 가까이 있는 사람이 가장 아프게 하는 걸까 · 188
도대체 어떤 게 · 192 / 귀뚜라미 · 193

5장 금지된 것, 갈망하며… 모든 불가능, 사랑하며

그냥 해본 건데 · 196
굿 나이트 내 인생 · 198
마음이여 닿아라 · 200
내 안의 분노에게 자장가를 불러주세요 · 201
그 노래, 다시 그 노래 · 204
식사나 한 번 합시다 · 208
원래 잘 웃었잖아 · 212
적낭한 억입 · 218
홍대 스타일 혹은 고독놀이 · 220
완전난리 · 224
2리터의 눈물 · 226
우리가 서 있는 지점 · 228

6장 그대 마음 지치지 않기를

스스로 못났다고 생각하는 당신에게 · 232
꿈, 없으면 안 되는 줄 알았다 · 238
홀로서기 연습 · 240
차라리 모르는 편이 · 242
세상에서 가장 맛없는 빵, 안전빵 · 244
우리의 사랑방식 · 248
그를 만나러 가는 길 · 250
비가 오든 안 오든 위로가 필요해 · 252

언제부터였을까?
잘 지낸다는 것이 쉬운 일이 아니라는 걸 깨달은 지가
그저 아무 일 없이 지나가는 것이 잘 지내는 일이 되었다.

하루치의 그리움
하루치의 일상
하루치의 무게
오늘도 잘 견디고 있을 뿐

1장

내 인생
잘 지내고 있나요

사람이 그리운 날이 있지요

다정했던 사람이여 나를 잊었나
벌써 나를 잊어버렸나
그리움만 남겨놓고 나를 잊었나
벌써 나를 잊어버렸나

- 노래 〈그리움만 쌓이네〉 중에서

뭐가 그리 바쁜지 여기저기 기웃거리다
한 살 한 살 나이를 먹는 사이
언젠가부터 우리의 가슴속에서 설렘이란
단어가 점점 잊히고 있습니다.
뒤처지지 않을까 불안해하며 앞만 보고 달리다 보니
그날이 그날 같지만 그날을 버릴 수 없다 보니
한가롭게 뭔가를 그리워할 여유조차 없습니다.

그러다가도 문득 그리움이 와락 밀려들 때가 있습니다.
가령, 길거리 가게에서 익숙한 음악이 흘러나올 때

"아, 저 노래…. 참 좋아했던 노래인데"

그리운 추억 하나가 톡 하고 터지니 꼬리에 꼬리를 뭅니다.
그때 유행하던 패션이 떠오르고 자주 갔던 카페며 술집이
떠오르고 사람과의 관계 속에서 주고받았던 상처가 떠오르고
시들었지만 향이 남은 꽃처럼 옛사랑도 어렴풋이 떠오릅니다.

이럴 땐 에스프레소 한 잔이 간절하지만
이 순간 더 간절한 건 바로 사람입니다.

사람과 웃고 사람과 얘기하고
사람과 사랑하고
사람과 어울려 노래하고 싶어 집니다.
휴대폰 속에 수많은 사람들이 저장되어 있지만
SNS의 친구 숫자가 나날이 늘어나고 있지만
이메일과 문자메시지의 속도가 점점 빨라지고 있지만
그러한 기술들이 가슴을 온전히 채워주진 못합니다.

사람의 향기, 사람의 온기, 사람이라는 꽃
그거죠. 지금 그게 그리운 거죠

손을 뻗으면 닿을 수 있는 그 거리에서
마주 보고 체온을 나누고 생각을 나누고
아름다운 이야기를 쌓아가는 것
그게 필요한 거겠죠

오늘따라 단 한 사람이 그립습니다.
내게 따뜻한 말을 해줄
내 마음을 알아줄 그 단 한 사람이

나만의 다락방을 갖고 싶다

자동차가 없다. 집이 없다. 명품가방이 없다.
양문형 냉장고가 없다. 최신형 노트북이 없다.

도통 없는 거 투성이다.
여태 뭐하고 살았는지 한심하기도 하고
가진 자들이 참 부럽기도 하다.
그렇지만 없어도 여태 별 일 없이 살았지 않았나

마음을 내려놓으니 금세 편안해진다.
다른 건 내려놓는다 해도 정말로 꼭 하나는 갖고 싶은 게 있다.

다락방
한 귀퉁이에 작은 창문이 달린 다락방을 갖고 싶다.

눈물 나는 날이면 그곳에 처박혀 실컷 울고 싶다.
울다 지쳐 잠이 오면 한숨 늘어지게 자기도 하고 문득 추억이 그리우면 먼지 쌓인 앨범을 툭툭 털어 사진 속 시간으로 마냥 달려가고 싶다.

그러다 날이 어둑해지면 저 작은 창문 너머에서 '막둥아, 밥 먹어라'하고 부르는 엄마 목소리에 '예. 엄마'하고 크게 대답하고 싶다. 엄마 밥 뚝딱하고 엄마 눈 바라보며 한없이 처진 엄마젖 물고 그 품에서 잠시 잠들고 싶다.

밤이 깊으면 작은 창문 사이로 스며든 별빛. 그 빛을 양손으로 쓸어 모아 양 볼에 톡톡 바른 채 반짝반짝 빛나고 싶다. 꿈인 듯 아닌 듯 창문 밖으로 몰래 나가 잠든 버드나무를 깨워 함께 춤도 추고 귀뚜라미의 등에 타 이 회색도시를 벗어나고 싶다.

다락방, 갖고 싶다.

나만의 눈물이 머물고
나만의 시간이 쌓이고
나만의 비밀이 숨쉬는

그곳에서
나만의 나를 위로받고 싶다.

"너희 젊음이 너희 노력으로 얻은 상이 아니듯이
내 늙음도 내 잘못으로 받은 벌이 아니다."

영화 「은교」에서 이적요 시인의 대사입니다.
이 말을 듣는 순간, 과연 나는 어느 쪽에 속할까 잠시 생각해 봅니다.
어중간하다. 젊음 이라고. 하기엔 지친 일상에 찌들어있고 그렇다고 늙었다 하기엔 너무나 이릅니다. 젊음을 넘어 서서히 늙음으로 가는 중이라고나 할까. 그 표현이 제 나이를 말하는 데 가장 적절한 표현인 듯합니다.

이적요 시인이 왜 그런 말을 했던 걸까요?
늙음에 대한 서러움을 표현한 겁니다. 늙으면 서럽고 눈물겹기 마련입니다. 기력이 쇠약해져 행동은 느려지고 머릿속은 고정관념으로 가득 차 생각은 낡아집니다. 아무리 잘난 사람이라도, 권력을 쥔 사람이라도, 부유한 사람이라도 예외는 없습니다. 늙으면 힘이 빠지고 생각이 녹습니다. 늙는다는 건 젊음으로부터 멀어지는 것이고 죽음과는 가까워지는 것입니다.

그렇다고 모든 감정들이 다 늙는 건 아닙니다. 기적과도 같은 일이 찾아오기도 합니다. 가뭄에 단비가 내리듯 정말로 반갑게 설렘이란 게 찾아오기도 합니다. 설렘을 다른 말로 말하면 남사스러울지 모르지만 '사랑'입니다.

사랑이 찾아오는 그 순간, 마음에선 거부 반응을 일으킵니다. 왠지 몸에 맞지 않는 옷을 입은 것처럼 불편하고 거북스럽습니다. 달아나기 바쁩니다. 늙어서 무슨 사랑, 이건 아름다움이 아니라 추함이지 이렇게 생각합니다. 다들 겁쟁이가 되고 도망자가 됩니다.

그러나 사람이 살아 있는 한 사랑이란 감정은 분명 생길 수 있습니다. 그 나이면 어떤가. 그 나이도 서러운데 감정까지 속여야 하겠는가. 오는 건 그냥 받아들이면 됩니다.

영화 「은교」를 보며 몇십 년 후인 늙은 나를 생각해보았습니다.
만약 느지막이 가슴 뛰는 사랑이 다시 찾아온다면 저는 어떤 모습을 하고 있을까? 온전히 받아들일 수 있을까 아니면 등을 돌리고 말까
그 답을 내기 전에 저는 꺼억꺼억 울 게 뻔합니다. 괜히 그냥 눈물부터 나올 겁니다. 감사인지 아니면 서러움인지 모르겠으나 이유 없이 눈물이 날 겁니다. 그 눈물이 무엇을 의미하는지도 생각할 겨를도 없이

그냥 그렇게 하염없이

많이 넘어져 본 사람이 쉽게 일어나는 법을 안다고요?
많이 아파본 사람이 아픔을 극복하는 방법을
알고 있다고요?
오랫동안 홀로 지내온 사람이 외로움에 단련이 되어
있다고요?

잘 알지도 모르면서
그런 소리 말아요.

많이 넘어져 본 사람이 또 넘어지면 더 힘들어지고
많이 아파본 사람이 또 아프면 더 절망하게 되고
홀로 지내본 사람은 더더욱 외로운 법이에요.

심장에 맷집이 있는 것도 아니고
심장에 굳은살이 박인 것도 아니고
잘 알지도 모르면서

어쨌든 감사

인간은 두 번 성장한다.
한 번은
엄마를 어머니로 부르는 순간이고
또 한 번은
어머니라는 말만 들어도
주르르, 눈물이 흐르는 순간이다.

지금
엄마에게 투정 부릴 수 있다는 것만으로도
감사
어머니의 목소리를 들을 수 있다는 것만으로도
또 한 번 감사

보고 싶어도, 부르고 싶어도
그럴 수 없는 사람보다는
어쨌든 감사

잘 지내고 있다는 거짓말

"잘 지내고 있니?"
"응"
"정말로 괜찮은 거지?"
"예"
"아무 문제없지?"
"그럼"

어찌 잘 지내겠습니까? 어찌 괜찮겠습니까?
문제가 없다는 게 말이 됩니까?
눈만 뜨면 아픈 가슴, 매일매일 흔들리는 마음
감당하기에 벅찬 그리움, 바둥바둥 사는 서툰 하루
깊이를 잴 수 없는 불안한 우울, 무감각해진 익숙한
사랑, 하나에서 열까지 온통 서러움 투성인데

왜 눈물겹지 않겠습니까?
당장이라도 그대 품에 안겨 울고 싶습니다.
그렇지만 오늘도 안 아픈 척, 괜찮은 척, 아무렇지도
않은 척 이렇게 거짓말을 합니다.

여태 잘 참아온 내가 한순간에 와르르 무너질까 봐
한번 무너지면 다시 일어설 수 없을까 봐
이렇게 거짓말을 합니다.

잘 지내고 있어. 걱정 마.
잘 지내고 있어요. 전 괜찮아요.
잘 지내고 있어요. 다 해결됐어요.

차마 이 마음, 이 아픔, 이 눈물
솔직하게 전하지 못합니다.
괜히 그대가 힘들어할까 봐
괜히 그대가 뜬눈으로 지새울까 봐

오늘도
나는 그대에게 거짓말을 합니다.
뻔한 거짓말, 잘 지내고 있다고….

그대가 없지만 그대가 있습니다

밤이 되니 그대가 생각났습니다.
비가 오니 그대가 더 생각났습니다.
이 생각을 놓치고 싶지 않아
일부러 천천히 걸어왔습니다.

밤과 비 사이
별이 없지만 그대가 있고
비와 길 사이
그대가 없지만 그대가 있습니다.

어디에 계시는지
언제쯤 오실는지

원망도 해보고
미워도 해봤지만
아침 눈을 떠 보니
깨닫게 되었습니다.

나만 그대를 그리워하는 줄 알았지만
오히려 그대 그리움이 더 크고 무거웠다는 것을

내가 그대를 그리워하지 않는 그 순간에도
그대는 구름이 되어 이리저리 나를 따라다녔고
내가 사라진 이 밤에도
수천 개의 그리움이 되어
밤새 내 가슴을 두드렸다는 것을
그것도 모르고 잠이 들었습니다.

얼마나 추웠을까
얼마나 닿고 싶었을까

미안합니다
고맙습니다

봄이 찾아오면
한 번 찾아갈게요

그 눈물, 여태 잘 참고 있었는데

예전에 tvN에서 방송한 「꽃보다 누나」를 한 회도 빼놓지 않고 봤습니다. 배우 겸 가수인 짐꾼 이승기와 4명의 여배우와의 좌충우돌 여행기는 재미뿐만 아니라 여행지 정보 제공 및 여행에 대한 로망을 심어주기에 충분했습니다. 그리고 무엇보다도 짧은 여행길이었지만 그 안에는 인생이 있었고 삶의 깨달음이 있었습니다.

매회 다 기억에 남지만 가장 기억에 남고 제 마음을 울컥하게 만든 장면이 있었습니다.
바로 배우 이미연이 눈물을 흘리는 장면이었습니다.
당차고 강하며 유쾌한 이미지인 그녀가 왜 눈물을 흘렸던 걸까요? 그 문제의 장면을 잠시 설명하자면 이렇습니다.

크로아티아 여행 중 이미연은 길거리 카페의 의자에 앉아 잠시 사색에 잠겼습니다. 그런데 그때 한국 관광객 아주머니 한 명이 그녀에게 다가와 아는 척을 했습니다.

"아, 이미연 씨. 반갑습니다."
"예. 안녕하세요."

이어 아주머니는 이미연에게 덕담 한 마디를 건넸습니다.

"이미연 씨, 기쁘고 행복하세요. 제가 마음으로 늘 바랬어요."

그 말을 듣는 순간, 이미연은 등을 돌려 그 자리를 피했습니다. 피한 이유는 왈칵 눈물이 터졌기 때문입니다. 뺨을 따고 눈물이 주르르 흘러내렸습니다. 손으로 눈물을 닦아내도 한 번 터진 눈물은 쉽사리 멈추지 않았습니다.

갑자기 눈물을 쏟았던 그때의 그녀 감정상태를 정확히 알 순 없지만 대략 짐작할 수 있었습니다. 이혼 이후로 내적 상처와 허탈감으로 여태껏 삶의 슬럼프에 빠져 있었던가 봅니다. 산다는 것이 기쁘지도 않고 행복하지도 않다는 생각이 오랜 시간 동안 내면을 지배하고 있었던 모양입니다. 그러던 차에 그 아주머니가 던진 그 한 마디, "기쁘고 행복하세요. 제가 마음으로 늘 바랬어요."

그동안 감추고, 누르고, 참아왔던 감정의 뇌관이 그 한 마디에 터진 것입니다. 일순간에 와르르 무너지고 만 거죠.

그녀의 눈물은 곧 저의 눈물로 이어졌습니다.
저 역시 삶의 고비에서 허우적거리고 있던 터라 그녀의 감정과 제 감정이 오버랩되었습니다. 내 인생에서 기쁨과 행복은 이미 끝나버린, 지난날의 불꽃놀이라 여겼는데 문득 등장한 기쁨과 행복이란 그 단어에 내 가슴이 철렁 내려앉은 것입니다. TV를 끈 후에도 참 오래 눈물을 흘렸습니다. 그동안 울지 않으려고 눈물의 창고에 꼭꼭 숨겨둔 눈물이 한꺼번에 방출된 것입니다.

운다는 것, 그건 끝을 의미하는 게 아닐 겁니다. 다시 시작하고픈 간절함일 겁니다. 슬프고 불행한 지금의 순간을 잊고자 하는 몸부림일 겁니다.

울만큼 운 후, 따뜻한 국화차 한 잔을 마시며 머릿속에 이 단어를 되새겨봅니다.

'과정, 과정, 과정'

그렇습니다. 이 세상에서 흐르지 않는 것은 없습니다.
시간도 흐르고 아픔도 흐르고 과거도 흐릅니다.
이 흐름을 타며 흘러가는 것, 우리들이 감당해야 할 몫이며
이겨내는 방법이겠지요.
슬럼프를 극복하는 과정이겠지요. 다 지나갈 것이고 언젠가
는 끝날 것이다. 이 믿음으로 다시 살아야겠지요.
그녀의 눈물이 더는 흐르지 않기를 바라고 이 세상 모든 이들
의 눈물이 다 씨가 말랐으면 합니다.

다행히 국화차가 아직 식지 않았습니다.

마음의 창문

장롱을 버렸다.

그 후로 방에 변화가 찾아왔다.
장롱에 가려 그동안 어둠의 재갈이 물려있던 창문이 드디어 입을 열렸다. 창문이 열리자 반짝반짝 햇살이 한꺼번에 방 안으로 쏟아져 내렸다. 창문은 눈이 부신지 눈을 찔끔 감았다. 이따금씩 시원한 바람도 들어왔다.
어느 날은 대지를 건반 삼아 피아노를 쳐대는 낭만적인 빗소리도 들렸다. 그뿐만 아니다. 장롱 하나 사라지니 방이 훨씬 더 넓어졌다. 예전에는 좁아터졌는데 이제는 제법 드러누워 이리 뒹굴 저리 뒹굴 여유 공간이 생겼다.

내 마음을 가로막는 그 무엇
나도 하루빨리 창문을 열고 싶다.

아무 것도 하기 싫은 날

테이프를 굴리며 방바닥에 쌓인 머리카락을 제거한다.
프라이팬 위에 눌어붙은 달걀을 숟가락으로 긁어먹는다.
국물이 뚝뚝 떨어지는 음식쓰레기봉투를 들고 계단을 내려간
다. 밤은 깊고 그리움은 짙어지는데 할 일이 없어 불을 끈다.
천장에서 반짝거리던 별들이 하나 둘 빛을 잃어가고 퀭한
눈은 서서히 잠이 든다.

인생이란 무거운 짐을 지고 먼 길을 가는 거라고
그러니 서두를 필요가 없다는 그 누군가의 말이
위로가 되는 밤이다.

달팽이처럼 하루를 보냈다.
내일이 오든 밤이 계속되든 상관없다.
요즘 아무것도 하기 싫은 나날이다.

책임질 일이 없다면 얼마나 자유로울까, 생각한 적이 있다. 지금 내 앞의 펼쳐진 지긋지긋한 일상을 훌훌 털어버리고 강원도 바다를 보러 간다면 얼마나 좋을까. 그러나 그럴 수 없다. 책임질 일이라는 것, 그건 보이지 않는 족쇄이다. 그럼 이 책임은 누가 부여한 것인가. 생각해보니 내 스스로 책임을 떠맡은 것이다. 이제 와서 이 책임을 슬그머니 나 몰라라 하기엔 비겁하기도 하고 너무나 많은 것들에 관여된 상태라 뒤집기엔 이미 많이 왔다. 그래도 때론 확 도망가고 싶을 때가 있다.

"도대체 갑자기 왜 그래? 지금까지 잘해왔잖아!"

이렇게 따진다면 그냥 딱 한 마디만 하고 싶다.

"몰라!"

말을 더 길게 하면 결국 도망치지 못한다. 생각이 많아지면 행동으로 옮길 수 없다. 더군다나 소심한 A형이 아니딘가. 망설이고 자책하고 후회하다 보면 결국 한 발자국도 움직이지 못한다.

오늘도 수고했어요

남들이 알아주지 않아도
꿋꿋이 그 길을 가는 당신
오늘도 수고했어요.

인생의 정답을 알 순 없겠지만
답과 가까워지려고 열심히 달리는 당신
오늘도 수고했어요.

가슴속 꿈을 놓치지 않으려고
꿈에게 계속 말을 걸고 쓰다듬어주는 당신
오늘도 수고했어요.

그 누구도 아픔을 안아주지 않아도
애써 미소 지으며 남의 아픔을 먼저 알아채 준 당신
오늘도 수고했어요.

빛이 있다고 믿고 다가갔지만
만난 건 어둠이었지만
그래도 다시 희망을 믿는 당신
오늘도 수고했어요.

이 세상에 이름 없는 꽃은 없다며
길섶에 핀 꽃에게 이름을 불러준 당신
오늘도 수고했어요.

나를 아는 사람
나를 모르는 사람
나나 너나 우리 모두
다 수고했어요. 오늘도

별일 없음의 고마움

예전에는 별 일 없는 게 왜 그렇게 무료하고 답답하고 한심하게까지 느껴졌는지 모르겠다. 그런데 요즘은 '별 일 없다'는 그 말이 참 좋다. 언제부턴가 별 일이 있다는 말에 겁을 먹은 듯하다. 별 일이 있다는 말은 주로 좋지 않은 소식으로 다가오기 때문

아는 이의 갑작스러운 죽음도 그랬고
아는 이의 가슴 아픈 실연도 그랬고
아는 이의 몇 번의 실패도 그랬다.
그래서 '별 일 없니'라고 묻는 게 겁이 난다.
소식이 없는 게 그나마 잘 지낸다는 증거

오늘도 아는 이로부터 전화 한 통이 왔다.
"별 일 없니?" "응"

응, 이라는 그 말이 얼마나 다행인지
어찌나 고마운지…
너나 나나 별 볼 일 없는 인생들이지만
사는 동안 제발 별 일 없었으면 좋겠다.

서울 장수막걸리

하루 종일 사람에 치이다 보면
가슴이 쓰리고 텅 빌 때가 있다.
그때 너만 한 것도 없다.

같이 마실 사람이 있다면
더 좋지만 아니어도 좋다.
돼지머리고기가 있다면 더 좋지만
김치 한 조각이라도 좋다.
장수하면 좋겠지만 뜨겁게 한 번
사랑을 불사른다면 사라져도 좋다.

밥도 되고 술도 되는 너
비움도 되고 채움도 되는 너
행복도 되고 눈물도 되는 너
오늘은 너다.

날이 그리운 날
사람이 보고픈 날
위로마저 필요 없다.
오늘은 너다.

그냥이라는 그 흔한 말

"창밖의 구름이 참 예쁘더라. 그래서 전화했어"
"농담하지 말고 왜 전화했어?"
"그냥. 생각나서 했다니까"
"싱겁기는…. 바쁘니까 끊어"

"오늘 끝나고 뭐해요?"
"뭐하긴 뭐해. 야근이지. 집에 뭔 일 있어?"
"아뇨. 그냥 했어요."
"쓸데없이"

"밥은 잘 먹고 다니지? 차 조심하고"
"알았어요. 돈 부쳤는데 받으셨죠? 하실 말씀 있으세요?"
"그냥 해봤어"
"회의 들어가요. 담에 해요."

당신은 그냥이란 말의 의미를 아시나요?
그냥이란 말속에는 수천, 수만 개의 간절한 그리움들이 숨겨져 있답니다.

〈네가 그립다. 네가 보고 싶다. 네가 걱정된다. 너랑 말하고 싶다. 너와 함께 하고 싶다. 너의 손을 잡고 싶다. 너랑 놀고 싶다. 너를 사랑한다. 나 지금 힘들다. 나의 마음을 알아줘라. 나 외롭다. 나 눈물 난다. 나 네가 필요하다…. 〉

그냥
그냥은 그냥이 아닙니다.
당신을 부르는 애달픈 목소리입니다.

지금은 아무 것도 하지 않을 타이밍

하늘을 종일 바라보세요.
바다라면 더 좋고요.
꽃망울이 터질 때까지 바라보세요.
분명 좋은 기운이 찾아올 겁니다.

살다 보면 이런 순간이 있습니다.
몸과 마음이 방전되어 도저히 어떻게 해볼 수 없는 때. 걷잡을 수 없이 나락으로 추락하는 것만 같고 아무리 발버둥 쳐도 더 나아질 기미가 보이지 않을 때. 계획, 생각, 다짐, 기대, 욕망, 꿈, 책임…. 이러한 것들이 어깨를 짓누르는 무거운 짐으로 느껴질 때. 살아도 사는 게 아니 그렇다고 죽을 수도 없을 때. 이런 순간이 찾아오면 정말이지 모든 것을 다 내려놓고 아무도 없는 한적한 곳으로 떠나고 싶을 겁니다.

저 역시 그런 순간에 노출이 된 적이 있었습니다.

그때는 세상 모든 사람들이 다 밉고 세상 모든 일이 다 귀찮고 세상 모든 희망이 다 거짓 같았고 세상 모든 신들이 말하는 기적이 허튼소리라 느껴졌습니다. 술을 미친 듯이 마셔도 보고 벽에 머리를 박으며 서럽게 울기도 하고 왜 하필이면 나한테 이런 일이 일어난 건지 억울함에 억장이 무너지도록 깊은 한숨을 내쉬기도 했습니다. 마음은 전혀 진정되지 않고 괴로움과 고통은 짙어갔습니다. 이럴 바에는 차라리 사고라도 나서 기억을 잃어버리는 게 낫지 않을까 하는 위험한 생각까지도 하기에 이르렀습니다. 이대로 있다가는 뭔 일이 나겠다 싶었습니다.

그래서 떠났습니다.

어디로 갈지 정하진 않고 발길 가는 대로 갔습니다. 반나절이 지나 도착한 곳은 바다가 보이는 작은 암자인 김제 '망해사'였습니다. 아, 망해사. 무슨 기운이 작용해 나를 이곳으로 데려왔을까 생각을 해보니 20대 때, 가장 행복했던 순간에 이곳에 온 적이 있었습니다. 그때의 행복이 그리웠나 봅니다. 그때의 시절로 돌아가고 싶었나 봅니다.

마당 한편에 오도카니 앉아 바다를 바라봅니다. 서해바다라 그런지 파도가 그리 높지 않습니다. 지루하고 심심한지 파도가 이따금씩 몸을 뒤척거릴 뿐 여전히 잔잔하고 깊습니다. 내가 바다를 보는 건지, 바다가 나를 보는 건지 모른 채 그렇게 시간을 보냈습니다. 잠시 뒤, 낮 동안 열심히 열을 뿜어댔던 해가 몸을 식히려고 바다 밑으로 서서히 잠수를 했습니다. 서

해바다가 보여 주는 지상 최대의 노을 쇼를 보니 마음이 한결 나아졌습니다.

날은 저물고 오라는 곳은 없고 해서 차로 밖 가장자리 길을 따라 하염없이 걸었습니다. 빛도 없는 어둠뿐이기에 저 세상을 걷는 듯하다 가도 이따금씩 빛을 내며 달리는 자동차를 보니 아, 아직은 이 세상임을 깨달았습니다.

며칠을 걸었는지 모릅니다.
그리고 도착한 자그마한 저수지

물가에 낚싯대를 드리운 사람이 몇몇 있습니다. 삼십 분이 지나고 한 시간이 지났건만 물고기는커녕 헌 신발 한 짝도 나오지 않았습니다. 그런데 낚시꾼들의 얼굴에선 초조함이나 짜증을 전혀 읽을 수 없었습니다. 물고기를 낚는 게 아니라 시간을 버리는 듯했습니다. 물고기에 집착하는 게 아니라 생각을 풀어주는 듯했습니다. 저만치 떨어져서 그들을 바라보며 또 그렇게 한나절을 보냈습니다.

며칠 후, 집에 돌아왔습니다.

여전히 아무 일도 할 수 없었습니다. 효창공원에 앉아 비둘기를 바라보고 장기를 두는 노인들을 바라보고 재잘거리며 뛰어다니는 유치원생들을 바라보며 하루하루를 또 그렇게 보냈습니다. 일부러 뭔가를 하려고 하지 않았고 뭔가를 할 의지도 없었고 그냥 내버려 뒀습니다. 자연이 선사한 공간에서 시간의 흐름 속에 나를 던진 채 뒹굴뒹굴 빈둥빈둥 뇌와 가슴을 텅 비운 채 지냈습니다. 아무것도 하지 않는 날이 점점 쌓여갔고 기분은 좀처럼 진전이 없는 것 같았습니다. 그런데 이 단순하고 무료한 생활이 제 자신이 느끼지 못할 정도로 조금씩 그리고 은밀하게 마음을 변화시키고 있었습니다. 삶의 의지, 희망, 생존 그리고 새 삶에 대한 불씨를 다시 일으키고 있었습니다.

꽤 많은 시간이 지나 제정신을 차렸고, 다시 현실로 복귀했는데 그 방황의 시간을 겪으면서 깨달은 바가 있었습니다.

당분간 아무것도 하지 않는 그 게으름이, 그 무념의 시간이 결국은 아무 거라도 할 수 있는 힘을 준다는 것입니다. 또한 생활과 생각이 단순해질수록 마음의 평화가 온다는 것입니다. 혹시 지금 감당하기 벅찬 무거운 짐을 짊어지고 있나요? 그 어떤 위로도 들리지 않는 상황에 처해 있나요? 이 세상에서 가장 불행한 사람이 나라는 생각이 드나요?

그럼 일단 무작정 걸으세요.

하늘을 종일 바라보세요. 바다라면 더 좋고요. 꽃망울이 터질 때까지 바라보세요. 나무에 기댄 채 하루를 그냥 보내보세요. 공원 나무의자에 앉아 잠을 청해 보세요. 모든 걸 아무 생각 없이, 계산 없이, 그냥 바보가 되어 보세요. 이것저것 따지지 말고, 책임지지 말고, 걱정하지 말고 당분간만이라도 다 내려놓으세요. 당신이 아니더라도 세상은 돌아가고 사람들은 살아가게 되어 있습니다. 분명 서서히 좋은 기운이 스며든다는 걸 느끼실 겁니다. 마지막으로 수도자의 삶을 사신 법정스님의 고운 말씀 하나 소개합니다.

"행복은 늘 단순한 데 있다. 가을날 창호지를 바르면서 아무 방해받지 않고 창에 오후의 햇살이 비쳐들 때 얼마나 아늑하고 좋은가. 이것이 행복의 조건이다."

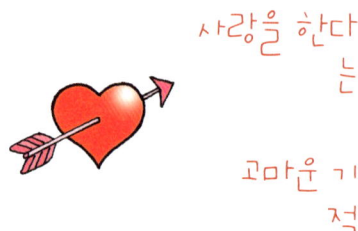

사랑을 한다는 고마운 기적

알고 있습니다. 저 나뭇가지에 붙어 있는 잎사귀가 언젠가는 떨어져 사라질 거라는 것을. 그러나 또 알고 있습니다. 잎사귀가 떨어져 나간 그 자리에 봄이 되면 다시 또 새순이 돋는다는 것을…

사랑도 그럽디다.
이별의 마침표를 찍게 되면 내 모든 것도 다 끝났다 생각합디다. 그가 없는 하루, 그가 없는 길거리, 그가 없는 풍경, 그가 없는 세상… 어떻게 그게 가능할까, 끔찍하고 서러워 상상조차 할 수 없지요.

하지만 끝이란 없더이다. 사람의 맘이라는 게 참. 끝이라 생각한 곳에서 다시 꽃 한 송이를 만나게 되고, 벽 뒤에 숨어 있는 새로운 길을 발견하게 되더이다. 이별, 처음엔 믿기지 않죠. 하루가 지나니 눈물이 나고 이틀이 지나니 하염없이 눈물이 나고 사흘째가 지나니 폭우처럼 눈물이 나더이다.

일주일이 지나니 혼자라는 사실이 어색하고 부자연스럽고 어느덧 한 달이 지나고 두 달이 지나니 나름대로 잘 견디고 있는 나 자신을 발견하게 됩니다. 홀연히 떠난 것들은 희한하게도 뭔가를 데리고 오더이다. 실패도, 아픔도, 상처도 시간이라는 양념과 버무려지면 그 찢긴 마음도 아물고, 더 단단해지듯 이별도 그렇습니다. 아프지 않은 이별이 어디 있겠냐마는 어쩌면 그건 새로운 또 다른 삶의 시작을 알리는 일종의 신호탄인지도 모릅니다. 아파할 만큼 아파했다면 이제 지금의 나를 사랑해야겠지요.

대문호 괴테는 이렇게 말했습니다.

"우리들은 어디에서부터 태어났을까? 사랑으로부터 우리들은 어떻게 되어 멸망할까? 사랑이 없기 때문에 우리는 무엇으로 자기를 이길까? 사랑에 의해 우리도 사랑을 찾아낼 수 있을까? 사랑을 믿는다면 오랫동안 울지 않을 수 있는 것은 무엇일까? 사랑 때문에 우리를 항상 연결하는 것은 무엇일까? 그건 사랑이다."

사람은 사람을 벗어날 수 없습니다.
사람은 사랑을 끊을 수 없습니다.

끝이다.

이제 끝이다. 고개를 떨구지만 결국 당신은 사람에, 사랑에 끌리고 말 겁니다. 내게는 두 번 다시없을 줄 알았는데…, 끝에서 다시 시작될 것이며 또 착각을 하게 될 것입니다. 이 사랑은 영원할 거라고….

우리는 다 알면서도 사랑 앞에서 이토록 철부지가 되고 어리석은 바보가 됩니다. 그게 사랑의 속성인가 봅니다. 사랑하며 살 수밖에 없나 봅니다. 여하튼 사랑으로 인해 오래도록 아파하지만 다시 잠시나마 웃게 되는 것, 알면서도 버릴 수 없는 이 짓, 사랑이라는 것, 이 얼마나 고마운 기적인가요.

의자가 되어주는 것입니다.
커피가 되어주는 것입니다.
거울이 되어주는 것입니다.
마음을 들어주고 상처를 나누고
눈빛으로 이야기하는 것입니다.

2장

누군가를
진정 이해한다는 것은

바보처럼 살았구나

어디라도 가고 싶다.
언제라도 가고 싶다.

그러나
정말 그럴 수 있을까
어디로 갈지, 언제 갈지
판단을 못 내리겠다.

여태 한 번이라도
내 인생을 나에게 허락한 적이 있었던가
여태 한 번이라도
내 사랑을 나에게 베풀었던 적이 있었던가

당분간
나를 찾아 떠나야겠다.
나를 위해 사랑해야겠다.

그냥 마음만 알아주도

사랑을 고치는 묘약은 없다.
만약 있다면 더욱 사랑하는 것뿐이다.

- 소로

너무나 고민하지 마요.
위로의 말이 생각나지 않으면
그냥 있어요.

따뜻한 마음이 절실히 필요하지만
그보다 더 필요한 건
그냥 당신이에요.

눈 깜빡거리며
한숨 내쉬며
억지로 말을 만들지 마요.
힘내, 잘 될 거야
그런 뻔한 말로
괜히 당신의 마음을 뻔하게 만들지 마요.

할 말이 없으면
그냥 소리 없이 마음만 전해요.

따뜻한 손으로 그냥 내 손을 따뜻하게 감싸줘요.
손이 아니어도 좋아요.

그냥 마음만이라도, 그리고 그렇게 환한 미소로
바라만 봐줘요. 그걸로도 됐어요. 충분해요.
당신의 마음을 읽었어요. 그러니 애쓰지 마요.
위로의 말, 따뜻한 말, 용기 주는 말
말이 아니어도 괜찮아요.
당신이 옆에 있잖아요.
그것만큼 힘이 되는 게 뭐가 있어요.
고마워요. 행복해요. 힘낼게요.

세월의 틈

예전에는 몰랐다.
왜 그렇게 아버지께서 식사 후에 꼭 이쑤시개로 입안 여기저기를 쑤셔대는지. 풀만 잔뜩 있는 날인데도 어김없이 쑤셔댔다. 돼지고기라도 먹는 날이면 혀로 요란한 소리까지 내어 가며 분주하게 더 쑤셔댔다. 더럽기도 하고 추해 보이기도 하고…

도대체 왜 그러실까?
그 의문에 세월이 답해줬다.

내 나이에 나이테가 하나 둘 생기고 어느새 내 잇몸도 예전 같지가 않다. 잇몸도 중력의 무게를 견디기 힘들었던 걸까. 점점 내려앉기 시작한다. 이와 이 사이에 바람이 들랑날랑거리고 틈이 점점 벌어진다. 풀대기를 먹어도 뭔가가 틈에 끼고 고기를 먹는 날이면 더더욱 심하다.

어느새 내 손에 이쑤시개가 들려 있다.

날 지켜보던 한 아이가
인상을 잔뜩 찡그린다.

버리지 못하는 것도 병이다

방에 짐이 반 이상이다. 왜 이리 잡동사니가 많은지 어지럽기가 짝이 없다. 수납박스 두 개를 산 게 엊그제인데 며칠 사이에 또 이러저러한 것들이 방바닥에 너부러져 있다.

도대체 뭐가 문제일까. 왜 이렇게 정리가 되지 않는 걸까. 방이 좁은 건지 수납박스가 부족한 건지 아니면 정리정돈을 못하는 내 탓인지

그놈의 짐들 때문에 내 영역은 점점 좁아진다.

이 방의 주인은 과연 누구인가. 나일까 아니면 층층이 쌓여 있는 저 수납박스일까. 계절이 바뀌어도 수납박스 안의 물건은 빛을 보지 못할 것이다. 분명하다. 물건들을 그 안에 넣을

당시에는 꼭 필요한 것이라 생각했을 것이다. 그러나 생전가
야 한 번도 거들떠보지도 않는다.
꼭 필요한 게 아니었다. 필요 없는 것에 대한 미련과 집착과
아집이 이 방을 점점 짐을 쌓는 창고로 만든 것이다.

내 머릿속은 얼마나 많은 수납박스가 쌓여 있을까. 열어보지
도 않을 거면서 뭐 그리 대단하다고 차곡차곡 쌓아놓은 것일
까. 버리지 못하는 것, 그것도 병이다. 다 몹쓸 병이다.

이제 버려야겠다.
이제 놓아줘야겠다.
그 생각, 그 아픔, 그 눈물

용산역 근처, 용사의 집을 거쳐 작은 골목길로 들어간다.

골목길을 나와 은행잎 나풀거리는 우측 길로 꺾어 한 삼백 걸음 정도 걷는다. 서울이라고 하기엔 너무나 한적하고, 음산한 기운마저 감돈다. 그래서 오히려 좋다. 나만 아는 비밀 장소인 것 같아, 숨겨놓은 애인을 만나러 가는 것 같아 맘에 쏙 든다.

도착한 곳은
그 자리에 오래도록 뿌리를 내리고 있는 지하 헌책방
뿌리 서점

오늘도 주인아저씨는 책방 입구에서 고물상에서 수거해온 수명 다한 책들을 부여잡고 인공호흡을 하고 있다. 신기하게도 책들이 두근두근 심장이 다시 뛰기 시작한다. 지하로 통하는 그 좁은 계단을 내려갈 때면 벌써부터 설렌다. 오늘은 어떤 책이 나를 맞이할까, 어떤 책과 눈을 마주칠까, 어떤 책이 내 허기진 영혼을 충전시켜줄까. 계단을 타고 책들의 깊은 향과 재잘거림이 스멀스멀 올라온다.

사방천지 책, 키보다 높은 책, 발에 밟히는 책

주인아저씨가 건넨 종이컵 커피와 함께 책을 펼쳐본다. 페이지마다 꽂혀 있던 사연들이 가슴에 들어오고 순간, 온몸이 따뜻해진다. 아, 책의 감옥에 갇힌다면 무기징역이라도 좋다. 얼마나 행복한 한나절이었을까. 검은 비닐봉지에 일용한 마음의 양식을 가득 담아 헌책방을 나선다. 나풀거리는 은행잎 거리를 지나 작은 골목길을 지나 용사의 집을 지나 용산역 광장으로 간다.

담 올 때까지 잠시 안녕
내 아지트

보이지 않는 고약함

딱 이틀 동안 지옥을 다녀온 듯했다. 머리가 지진이 난 것처럼 흔들리고 갈라지고 열이 또 어찌나 나던지 온몸에 불꽃이 피었다. 그것도 모자라 목까지 말썽이었다. 퉁퉁 부어 침도 제대로 삼킬 수 없었다.
이 정도쯤이야 얕잡아본 게 화근이었다. 조짐이 좋지 않으면 진작 병원에 갔어야 했는데 뭐 괜찮겠지, 이러다 말겠지, 그 안일함과 게으름이 병을 키웠다. 견디다 못해 병원에 갔다. 의사는 여기저기 진찰을 하더니 심각한 표정을 지었다. 그래 봤자 감기인데 왜 이리 겁을 주나 했더니 전염성 독감이란다. 고생 좀 할 거란다. 한 일주일 동안 아니 그 이상이 될지 모른다고 했다.

고통의 시간이 꽤 지속될 거라 예상했는데 다행히도 이틀 고생으로 모든 것이 끝났다. 내 몸의 회복 탄력성이 의외로 강했다. 링거를 맞고 주사도 맞고 대여섯 종의 약을 먹은 게 큰 도움이 된 듯하다. 이제는 밖을 나가도 되겠지, 사람들을 만나도 되겠지 했는데 의사가 서두르지 말란다. 한 4, 5일 정도는 집에서 나오지 말란다.

멀쩡하다는 생각은 본인 생각이지 의사의 소견이 아니란다. 전염균이 여전히 몸속에 있으니 그것이 완전히 사라질 때까지 잠자코 있으란다. 보이지 않는 게 더 고약하단다. 선생님이나 부모님 말씀은 거역해도 의사 말씀은 거역하기가 참 힘들다. 어쩔 수 없이 방 한쪽 구석에서 곰처럼 몸을 웅크린 채 그렇게 며칠을 더 보냈다.

밤과 새벽이 교차하는 몽롱한 그 시점에 문득, 그가 떠올랐다. 콜록콜록 기침을 해대던 어느 겨울밤, 아무 말 없이 감기약을 건넸던 그의 하얀 손길이 생각났다.

아파도 아프지 않았고 오히려 아픈 게 더 행복했던 그 날. 그런데 지금 그는 어디에서 무엇을 하고 있을까. 여전히 손은 하얀지 이런저런 생각을 하며 밤을 보낸다.

아프지도 않은데 아파해야 하는 이 밤이
보고 싶지만 볼 수도 없는 이 밤이
더 고약하다.

 헐렁하게 살자

오렌지 주스라고 해서
그 안에 오렌지가 100% 들어있는 게 아니었어
토마토케첩이라고 해서
그 안에 토마토 100% 들어있는 게 아니었어
바나나가 든 우유인 줄 알았는데 바나나 향만 있는 거였어
그래그래, 좋아
꼭 100%가 아니어도 상관없어. 아니어도 잘 살아남았잖아

완벽할 필요는 없지 뭐
빙판길에서 넘어져 팔이 부러졌지만 괜찮아
나라고 완벽할 순 없잖아
오점을 남기는 것도 다 전략이지 뭐
어쩌면 이런 헐렁함을 더 좋아할지도 몰라

모르면 모른다고 하자
좀 무식해 보이긴 해도 그래도 인간미 넘치잖아
내가 수그려야 누군가가 기를 펴지

울고 싶으면 우는 거야
괜히 울음 참았다가 나중에 한꺼번에 심장이 터질지 몰라
우는 게 창피하긴 하지만 그래도 감성이 살아 있잖아

100% 아니면 어때?
100%가 이상한 거지

구름이 하늘 전체를 다 가리고 있다고 생각해봐
얼마나 숨 막히겠어
나무가 숲 전체를 다 채우고 있다고 생각해봐
얼마나 답답하겠어
구름은 하늘을 다 덮지 않아
나무는 숲을 다 메우지 않아

조금은 비우는 것
조금은 모자라는 것
그게 아름답고 여유롭지

굳이 다 채우려 하지 마
굳이 다 끝내려고 하지 마

다 채우려 발버둥 칠 그 시간에
완벽해지려고 자기 자신을 괴롭힐 그 시간에
잠시 누워 하늘도 보고 숲도 한 번 봐
그곳에서 미완의 행복을 천천히 느껴보는 거야

그래 그래 그렇게
헐렁하게 사는 거야

완벽하지 않으면 어때?
완벽한 게 이상한 거지

뜻하지 않는 병으로 일 년째 병원에 입원한 사람이 있었습니다.
가족과 친척 그리고 지인들이 수시로 병문안을 왔습니다.

"힘내라. 살다 보면 이런 일도 있고 저런 일도 있어"
"이 고생 끝나면 좋은 일이 있을 거야"
"나쁜 생각 하면 안 돼. 알았지?"
"평상시 조심했어야지. 도대체 어떻게 된 거야?"

병문안을 온 사람들은 하나 같이 환자에게 격려와 용기를 북돋아 주는 말을 건넸습니다. 그런데 환자는 그들의 말에 전혀 위로가 되지 않았습니다. 모든 말들이 충고나 질책으로 들렸습니다.

어느 날, 초등학교 동창이 찾아왔습니다.

"소식이 끊겨서 몰랐어. 미안해. 내가 너무 늦게 왔지"

이어 동창은 환자의 손을 붙잡으며 몇 마디 더 말했습니다. 동창의 건넨 그 몇 마디에 순간, 환자는 왈칵 눈물을 흘리고 말았습니다. 이제까지 많은 사람들이 병문안을 왔고 좋은 말도 많이 해줬지만 울었던 적은 한 번도 없었습니다.

도대체 무슨 말을 건넸기에 환자가 눈물을 보인 걸까요?
환자의 마음을 알아주고 어루만져줬던 그 한 마디는 무엇이었을까요?
그 한 마디는 조금 후에 밝히기로 하고 우리 역시 힘들어하는 이를 보면 대부분 이렇게 말을 건넵니다.

힘들겠지만 어쩌겠니? 힘을 내야지
지금은 힘들지만, 나중에 좋은 일이 생길거야

이럴 때일수록 마음을 강하게 먹어야 해

이런 말들이 다 옳은 말이긴 합니다. 그런데도 정작 힘들어하는 그에겐 그다지 귀에 들어오지 않는 말들입니다. 큰 위로가 되지 않는다는 겁니다. 그에게 지금 필요한 건 함께 울어줄 수 있는 마음이고 그 마음을 알아주는 따뜻한 한마디입니다. 그 한마디는 특별한 것도 아니요. 별다른 것도 아닙니다.
바로 이 한마디입니다.

"그동안 얼마나 힘들었니?
네가 힘들었던 걸 생각하니 내 마음이 정말 아프다."

힘을 내라는 말은 너무나 흔하고 식상합니다. 지금 그에게 필요한 건 그에게 힘을 주는 말이 아니라 그의 마음을 읽어주고 하나가 되어주는 것입니다.

의자

수많은 의자를
다 놔두고
왜 그대
내 마음에 앉으시나요.

앉으셨으면
차도 마시고
이야기도 나누고
꽃도 피우지
왜 앉자마자 가셨나요.

그대가
가고 사라진 그곳에서
평생 의자처럼
또 한 사람을 기다립니다.

멀리 떠나 보낸 후

1

이젠 영영 못 보게 될
큰 이별 앞에서
한없이 무너져 내리고
목 놓아 울부짖던 게 엊그제인데

며칠이나 됐다고
잠이 온다. 배가 고프다.
꾸벅꾸벅 꾸역꾸역

살겠다고
나란 인간

참 역겹다
삶 가엽다

2

일이 터졌을 때는 울고불고 난리가 아니었다. 얼마나 오열을 했던지 온몸에서 피며 단백질이며 기가 다 빠져나가 혼미 직전이었다. 입은 셔터 문을 닫아버렸다. 물 한 모금, 밥 한 톨도 넘기지 못했다. 황량하게 그지없는 너울대는 바다 한가운데, 홀로 떠도는 부표처럼 마음을 전혀 가눌 수 없었다. 도저히 받아들일 수 없었고 감당할 수 없었다.

그립다는 말, 사랑한다는 말, 그런 말은 나오지도 않았다. 그저 어떻게 살아가야 할지 막막하기도 하고 갑작스러움에 기가 막힐 뿐이었다.
그런데 딱 사흘이 지나니까 희한하게도 눈물이 멈췄다. 배가 고팠고 물이 간절했고 잠이 왔고 생각이 또렷해졌다. 함께 울어주던 사람들은 하나둘 사라졌고 나 역시 확인하지 못한 몇 통의 메일이 무슨 내용인지 궁금해지기 시작했다.

다시 일상으로 돌아왔다.

아침나절에 커피 한 잔을 마셨고 오후엔 서점에 들러 신간 서적을 훑어봤고 저녁에는 천국에서 파는 김밥을 먹으며 TV를 봤다. 별다른 것 없는 하루의 시간을 보냈고 분명 내일도 무난하게 보낼 거라 예상된다. 그 엄청난 일이 일주일도 지나지 않았는데 오래된 일처럼 느껴진다. 아직 실감이 나지 않아서 그런지도 모르겠다.

이내 쓸쓸하다. 그를 위해 내가 흘려줄 수 있는 눈물의 양은 고작 삼일 치가 전부였던가. 그에게 받은 것들에 비해 너무나 적은 양이다. 미안하고 또 미안하다.

미안해서 사랑한다.

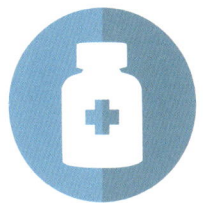

그러든지
말든지

바람이 분다.

그렇다고 달라질 건 없다. 걸어야 한다. 한 번 쉬게 되면 조금 가다 또다시 쉬고 싶고 한 번이 두 번, 두 번이 세 번 그러다 끝내는 마음의 엉덩이를 철퍼덕 바닥에 내려놓고 만다. 조금만 더 가면 곧 당도할 거라는 그 말이 거짓임을 알더라도 어찌 됐든 걸어야 한다. 걸음을 멈추는 순간, 미래가 멈추고 인생이 멈추기 때문이다.

빗방울이 떨어진다.

그렇다고 달라질 건 없다. 꿈꿔야 한다. 꿈을 멈추면 일상은 오히려 더 지루해지고 삶은 더 팍팍해진다. 사막이라는 인생길에서 꿈은 신기루와 오아시스다. 설령 그 꿈이 다다를 수 없는 신기루로 끝날지라도 뭐 어떤가. 꿈을 꾸는 그동안만은 분명 행복했을 것이다. 그것만으로도 꿈은 가치가 있고 의미가 있다. 꿈은 간직하는 게 아니라 자꾸자꾸 꺼내야 한다. 꿈이 있기에 오늘의

활력을 부를 수 있고 꿈이 있기에 내일의 희망을 기대할 수 있는 것이다.

꽃이 진다.

그렇다고 달라질 건 없다. 다시 시작해야 한다. 꽃이 진다고 죽는 게 아니다. 꽃은 다시 살아난다. 비바람과 해충들의 공격을 기꺼이 받아들인다. 고통을 겪어야만 봄이 온다는 걸 알기 때문이다. 한 번 두 번 넘어지는 건 어쩌면 당연한 일인지 모른다. 수백, 수천 번을 넘어져도 아이들은 다시 일어나 끝내 걸음마를 완성하지 않는가. 시작하는 순간, 실패는 과거가 되고 새로운 날의 주인이 된다.

바람이 분다. 빗방울이 떨어진다. 꽃이 진다.

그러든지 말든지
그래, 살아봐야겠다.

추월해서 도착한 곳이
지옥이었다

23살, 1994년 "그래, 결심했어!"라는 유행어로 잘 알려진
MBC 예능「일요일 일요일 밤에 - 이휘재의 인생극장」
방송 대본을 써 화려하게 방송계에 입문하다.
24살, 1995년 조선일보 신춘문예 희곡 부문에
「천호동 구사거리」가 당선돼 정식 희곡작가가 되다.
영화「개 같은 날의 오후」시나리오로 영화계에 진출하다.
25살, 대학로에서 연극 연출로 데뷔하다.
27살, 영화「기막힌 사내들」감독으로 데뷔하다.

누구의 20대일까요?
대부분의 20대가 취업 준비로 청춘을 저당 잡히고 현실의 무게에 짓눌려 방황할 때, 방송과 연극 그리고 영화판을 넘나들며 승승장구했던 사람이 있었습니다. 바로 영화감독 장진, 그의 20대의 모습입니다.

중년의 나이를 넘긴 그가 어느 강연에서 밝혔듯이 그 당시 자부심뿐만 아니라 우쭐거림이 하늘을 찔렀다고 합니다. 세상 사람들이 그를 천재라 불렀고 그 역시 스스로 천재가 아닐까 생각을 하기도 했답니다. 그럴 만도 한 게 20대에 이미 탁월한 감각과 연출력으로 인생의 정점까지 올랐기 때문입니다.

그러던 어느 날, 일을 마치고 집으로 가는데 그날따라 비가 억수로 내렸습니다. 한 치 앞도 가늠할 수 없이 무섭게 내리는 빗속을 뚫고 엉금엉금 거북이 운전을 했습니다. 그런데 그때 뒤에서 차 한 대가 뭐가 그리 바쁜지 빗속을 뚫고 엄청 빠른 속도로 쉬잉 지나갔습니다.
'저렇게 빨리 달리면 위험할 텐데'

집에 도착한 후, 빨리 달린 그 차를 떠올리며 그는 메모장에 이렇게 적었다고 합니다.

도착해보니 지옥이었다.
여기까지 오는 동안 너무나 많은 추월을 했다.

그날 이후로, 그는 삶을 돌아보게 되었다고 합니다. 인생은 속도가 아니라 방향이며, 목적지에 빨리 도착하는 것보다 여정 속에서 겪게 된 경험이 더 소중하다는 것을 깨달았다고 합니다. 그리고 기고만장했던 자신도 내려놓는 계기도 되었고요. 젊은 날에 작성한 그의 글귀가 오래도록 제 가슴을 울립니다.

'도착해보니 지옥이었다.'
그런 것 같습니다.
인생의 중반을 향해 달리고 있는 이 시점, 자꾸 내가 걸어왔던 길을 되돌아보게 됩니다. 과연 지금 나는 어디를 향해 달리고 있는 걸까. 지금 가는 길이 정말 내가 원하는 것일까.

붉게 물든 석양을 볼 시간조차도 없이 그저 남들에게 뒤처지지 않으려고 아무 생각 없이 내달리고 있는 건 아닐까. 빨리빨리 만을 외치다가 놓쳐버린 가치나 행복이 얼마나 많을까. 결국, 빨리 가봤자 최종 목적지는 죽음일 텐데 왜 그렇게 급한 건지…

그래야 합니다.

느긋함과 여유가 들어올 수 있게 마음의 창문을 열어놔야 합니다. 남들과 경쟁한다는 생각을 갖게 되면 늘 쫓기는 기분이 듭니다. 경쟁상대는 나 자신이고 수시로 내 꿈을 점검하고 내 발자국을 확인해야 합니다. 내 감정과 속도를 내 방식대로 컨트롤해야 합니다. 또 하나는 목적이 있어야 합니다. 스피드 시대인 만큼 속도가 중요하긴 하나 정박할 항구도 정하지도 않고 출항한다면 그 배는 망망대해에서 길을 잃게 되고 왜 여기에 있는지조차 잊어버리게 됩니다. 목적이 없으면 작은 파도를 만나도 저항할 의지도 필생의 의욕도 사라져 금세 뒤집히고 맙니다. 목적이 없는 삶은 발전도 없고 그저 지칠 뿐이죠.

생태주의의 선구자인 헨리 데이비드 소로우는 저서를 통해 이렇게 말한 바 있습니다.
"우리는 성공을 향해 왜 안달을 하고 무모하게 덤벼드는가? 어떤 사람이 주변 사람들과 다르게 춤을 추고 있다면 그것은 다른 박자의 음악을 듣고 있기 때문이다. 그 박자가 느리든 멀리서 아련히 들리든 그가 듣고 있는 음악에 맞추어 춤을 출 수 있게 해 줘라. 그가 사과나무나 떡갈나무만큼 빨리 성숙해야 할 이유는 없다."

가는 방향이 옳다면, 그 여정 속에 행복과 꿈이 녹아있다면 설령 조금 늦더라도 그 삶은 아름답고 가치가 있을 겁니다. 부디 추월해서 먼저 지옥에 당도하는 일은 없었으면 합니다. 천천히 그리고 지속적으로 내 길을 가야겠지요. 언젠가 그 길 위에서 만난다면 서로 얼굴을 보며 환하게 웃어줍시다.

물 한 잔 혹은 술 한 잔 건네며
각자가 걸어온 삶에 대해 이야기를 나누며
함께 꽃이 됩시다.

롱테이크

열정은 좋다. 그러나 지속되기란 어렵다.

아무리 에너지가 넘치는 사람이라도 그 열정이라는 것이 길어야 1년, 아니 좀 긴 사람이라면 2년 정도다. 사랑도 마찬가지다. 사랑, 이 얼마나 설레는 단어인가. 그러나 처음 느꼈던 그 설렘을 유지하기란 참 어렵다. 봄의 파릇파릇한 잎사귀가 가을이 되면 가을빛으로 물이 들듯 처음 느꼈던 그 설렘도 시간이 지나면 점점 퇴색해지고 변치 않을 것 같았던 사랑도 의무감 내지는 삶의 작은 부분 정도로 추락하고 만다.

나는 안 그래, 절대 그렇지 않아. 그렇게 말하며 열정과 사랑의 가치를 그대로 지켜내고 싶겠지만 굳이 떠나가는 것들에 대해 미안해하거나 죄책감을 가질 필요는 없다. 열정이 식는다고 해서, 사랑이 가벼워졌다고 해서 그대 탓이 아니기 때문이다. 원래 그런 거니까. 세월 앞에서 모든 것은 힘을 잃어가니까.

인생은 롱테이크다.

16부작 미니시리즈가 아니라 대하드라마와 같다. 불꽃같은 열정도 좋고 뜨거운 사랑도 좋지만 그런 감정 상태는 영원하지 못하다. 또한 끝까지 끌고 갈 수도 없다. 주어진 시간, 주어진 기회, 주어진 그 상황에 최선을 다하면 그것만으로도 충분한다. 인생은 누가 더 열정적이냐가 아니라 그 기나긴 인생 동안 누가 덜 지치느냐이다. 누가 더 사랑에 목숨 거느냐가 아니라 그 지루한 인생 동안 누가 덜 미워하느냐이다.

인생은 천천히 흐르는 롱테이크
편집도 할 수 없고 다시 살 수도 없는 세월과의 지루한 싸움
부디 인생에 있어서, 사랑에 있어서 최고의 명품 배우가 되길 바란다. 자, 갑시다. 레디 액션!

봄, 누군가를

요란한 봄이다.

여기저기에서 꽃망울이 팝콘 터지듯 툭툭 터진다. 느긋한 일요일을 보낸 사람이라면 일주일의 시작, 월요일이 오기를 바라는 사람은 그리 많지 않을 것이다. 그러나 계절의 시작, 봄은 그렇지 않다. 기다려진다. 볕이 좋아서 그런 것도 있지만 뭔가를 새롭게 시작할 수 있을 것만 같은, 일종의 희망 같은 것. 괜히 마음이 설렌다.

겨울 동안 아팠다.

'무슨 낙으로 사세요'라는 의사의 뜬금없는 질문에 기분이 언짢았지만 돌아오는 길, 한 발자국 한 발자국마다 그 질문이 뒤따라왔다. 무슨 낙으로 살까. 나는, 아니, 사람들은 봄이 코앞까지 다가왔는데 아직 그 숙제를 풀지 못했다. 무슨 낙으로 살아왔고 앞으로 무슨 낙으로 살아갈까. 숙제를 풀면 내게도 봄은 올까. 찬바람이 어느새 포근한 바람으로 바뀌었다. 빼앗긴 들에도 봄은 기어이 오듯 숙제를 풀지 못한 내 마음에도 어김없이 봄이 왔다.

꽃망울 가까이 코를 대본다.

아직 향은 없었지만 그래도 속삭임은 있었다. 꽃망울이 말했다. 찾으려고 고민하지 마. 그러다 고민이 더 늘지도 몰라

설레는 봄이다.
곧 꽃이 피고 나비가 날아다니고 향도 바람을 타고 오겠지

봄. 나를 본다.
봄. 너를 본다.

느끼며 받아들이며 지고 또 피며 살아가는 것
그게 답이 아닐까

괜찮아질 거야, 봄이잖아
봄이니까

우리가 놓치고 있는
한정판

정말로 행복한 나날이란 멋지고
놀라운 일이 일어나는 날이
아니라 진주알들이 하나하나 꿰어지듯
이 소박하고 자잘한 기쁨들이
조용히 이어지는 날들인 것 같아요.

- 빨강머리 앤

볼펜 하면 가장 먼저 떠오르는 브랜드, 볼펜의 대명사가 있습니다.
바로 모나미 볼펜입니다.

값도 싸고 잃어버려도 큰 부담도 없습니다. 그래서 한 번 살 때 묶음으로 많이 샀습니다. 책상 여기저기에 굴러다니고 가방 안에도 늘 몇 자루씩 상비약처럼 넣고 다닙니다. 심심할 때면 볼펜 돌리기도 하고 똑딱거리기도 합니다. 볼펜 똥이 나오면 휴지로 닦습니다.
누구에게나 추억 하나쯤을 선사한 모나미 볼펜. 최근 발매 50주년을 기념해 고급스럽고 세련미를 가미한 한정판 모델인 모나미153 리미티드1.0 블랙을 1만 개 출시했다고 합니다. 가격은 2만 원으로 알려졌는데 그런데 뜻밖의 일이 벌어졌습니다.
이 볼펜을 사려고 너도나도 몰리는 바람에 출시 직후 순식간에 매진됐고 한 경매사이트에서는 2만 원이었던 가격이 무려 30만 원까지 껑충 뛰었다고 합니다.

이번에는 슈퍼맨 만화책 이야기입니다.

미국의 온라인 경매 사이트에서 슈퍼맨 만화책 한 권이 무려 2억 원에 낙찰됐다고 합니다. 1938년에 발간된 이 만화는 슈퍼맨이 처음 등장한 작품입니다.
모나미 볼펜이나 슈퍼맨 만화책처럼 왜 이런 놀라운 현상이 일어난 걸까요? 그 답은 바로 희소성에 있습니다. 맘만 먹으면 당장이라도 살 수 있는 물건이나 어디서라도 구할 수 있는 흔한 거라면 그 가치는 그리 높지 않겠죠. 하지만 일정한 시간이 지나면 구할 수도 없고, 물량은 적은데 그것을 갖기 원하는 사람이 많으면 그 가치는 당연히 올라갑니다.

말도 안 되는 가격을 보면서 왜 저러나 싶기도 하지만 한편으로는 이해가 되기도 합니다. 남들이 가질 수 없는 것을 나만이 가졌다는 쾌감도 상당할 것입니다. 물론 이번에 구하지 못하면 영영 구할 수 없다는 불안감도 작용했겠지요.

그래서 그런지 몰라도 사람들의 이런 심리를 상품 판매에 종종 활용하기도 합니다. 각종 홈쇼핑이나 대형 마트에 가면 유독 한정 판매, 마지막 찬스, 오늘만 이 가격이라는 문구가 많은 것도 이런 이유겠지요.

사람들은 희소성이나 한정판에 목숨을 겁니다. 그런데 우리가 간과해서는 안 될 사실이 있습니다. 모나미 볼펜만 한정판일까요? 슈퍼맨 만화책만 희소성이 있을까요? 그렇지 않습니다. 따지고 보면 이 세상에서 영원한 건 없습니다. 모든 것들이 다 희소성이 있고, 한정되어 있습니다.

사랑, 그게 영원한 것인가요?
행복, 그게 영원한 것인가요?
목숨, 그게 영원한 것인가요?
사람, 그게 영원한 것인가요?
공기, 그게 영원한 것인가요?
나무, 그게 영원한 것인가요?

늘 곁에 있는 것들이기에, 익숙한 것들이기에 우리는 그것들이 영원하리라 착각을 합니다. 그래서 그러한 것들에 대한 소중함을 잊고 지냅니다.

언제까지나 함께 있을 거라는 생각에 소중한 사람들에게 함부로 대하고, 기쁘고 즐거운 순간이 찾아와도 아직 오지도 않는 불행을 미리 걱정하며 맘껏 그 순간의 행복을 누리지도 못합니다.

영원히 살 것처럼 몸과 마음을 제대로 관리하지도 않고, 나무에 상처를 내고 꽃을 꺾어 내 것으로 만들려 합니다. 이 세상 모든 것들은 놓쳐서는 안 될 것들이고 사라지게 해서는 안 될 것들입니다. 특히 사람의 마음, 그중에서도 사랑이 그렇습니다. 사랑한다고 전하지 못했다면 이제 그 마음을 전하세요. 베풀지 못했다면 이제 그 마음을 베푸세요. 아꼈다면 이제 마지막 찬스라는 생각으로 아끼지 말고 말하세요.

사랑, 그 한정판에 목숨을 거세요. 그 어떤 한정판보다도 더 가치가 있고 희귀한 것입니다. 우리들에게 사랑을 전할 시간은 그리 많지 않습니다. 당장 내일 모든 것이 끝날 수도 있습니다. 내일이 오기 전에 지금, 이 순간에 사랑을 합시다. 사랑을 전합시다.

 힘들어하는 당신에게

힘겨운 시련을 견뎌낸 사람은 달라
더 강해지고 더 깊어지지

그러는 과정 속에 분명 발전을 하게 되고
새로운 기회를 얻게 돼

진짜 어른이 되는 거지
진짜 인생을 아는 거지

지금, 이 순간 참 힘들고 고달프지?
그렇다고 주저앉지 않았으면 해

주저앉은 그 자리에도 분명 봄에 화사하게 피어날 꽃씨가 뿌려져 있을 테니까. 꿈과 행복을 앞으로 밀어줄 파도가 일렁이고 있을 테니까

힘내자, 나의 나, 너의 너

> 사람이 문제이고
> 사람이 답니다

친구를 기다리느라 홍대입구역 앞, 패스트푸드점 앞에 서 있는데 낯선 여대생이 제게 다가왔습니다.

"누구 기다리세요?"
"예. 그런데 … 누구 …?"
"아, 어깨 가방끈이 꼬였어요"
"아, 예. 감사합니다."

자연스럽게 대화가 시작되었고 여대생은 너무나 거리낌 없이 양파껍질 벗기듯 자기 이야기를 풀어냈습니다. 집이 싫고 학교가 싫다고 했습니다. 기회가 된다면 이제까지 인연을 맺는 사람들과 마주치지 않는 외국에서 살고 싶다고 했습니다. 그리고 지금 아무래도 자신이 우울증에 걸린 것 같다고도 했습니다.
지나칠 정도의 솔직한 고백에 저는 당황했지만, 한편으로는 고맙기도 했습니다. 왠지 모를 친근감이 느껴졌습니다.

"이렇게 성격도 좋고 귀여운데 왜 그럴까요?"

"모르겠어요. 제가 이상한가 봐요"

여대생은 자신이 워낙 독립심이 강해 뭐든지 혼자 하는 걸 좋아한다고 했습니다. 옷을 사러 쇼핑하는 것도 혼자서, 여행도 혼자서, 식당에서 밥 먹는 것도 혼자서 한다고 했습니다. 쇼핑이나 여행은 혼자서 하는 것이 오히려 편할 수도 있지만 남자인 저도 식당에서 혼자 밥 먹기는 좀 그런데… 왠지 맘이 짠했습니다.

잠시 뒤 친구가 왔고 여대생과는 헤어졌습니다.
얼핏 보니 여대생은 누군가에게 말을 거는 것 같았습니다.
저는 고개를 갸웃거리며 이내 선술집이 있는 곳으로 옮겼습니다.

친구와 오랜만에 회포를 풀고 늦은 밤 집으로 돌아가는 길, 그 여대생의 말이 떠올랐습니다. 혼자 지내는 게 좋다고 했던 말. 그 말이 정말일까? 참말이 아닐 겁니다. 그 여대생에게 무슨 일이 있었는지는 모르겠지만 추측하건대 사람에게 상처를 받았던 게 분명합니다. 아무리 독립심이 강하다고 해서 혼자 생활하는 게 편할 리는 없습니다.

사람은 외로운 존재입니다.

누군가에게 의지하고 때론 도움을 주는 게 사람이 사는 방법이죠. 누군가에게 또다시 상처를 받지 않을까 하는 두려움이 혼자의 삶이란 감옥에 가둔 건 아닐까요.

사람을 두려워하는 그 마음의 이면엔 분명 사람을 몹시 그리워하는 마음도 있는 거죠. 그 여대생은 잘 알고 있는지도 모릅니다. 사람에게 받은 상처이지만 결국은 사람으로 치유되어야 한다는 것을. 그렇지 않고서야 저에게 말을 걸어왔겠습니까.

저 역시 사람으로 인해 외로움과 쓸쓸함에 깊게 빠진 적이 있었고 그걸 해결하기 위해 다시 사람에게 다가갔던 적이 있었습니다. 결국, 사람입니다.

그때의 감정을 글로 남긴 적이 있는데 소개해드리겠습니다.

더 이상 눈물겹지 않게
이제는 혼자일 필요가 없다.

비가 오는 날에도
나비는 꽃을 향해 날아가고
안개 낀 새벽녘에도 자동차는
그리운 바다를 향해 질주한다.

아무리 다짐하고 또 다짐한다 해도
사람은 사람을 벗어나 살 수 없는 법

만남
그 자체가 두렵다는 건
어쩌면 더욱더 진실한 사람을 만나고픈
간절함인지도 모른다.

겨울이 오기 전에
인생이 다 가기 전에 우리는 만나야 한다.

누구나 사람으로 인해 냉탕과 온탕을 오갑니다. 상처와 치유의 반복이겠지요. 그렇기 때문에 굳이 피할 필요는 없습니다. 피한다면 그건 홀로 감당해야 할 몫이 너무나 많습니다. 극복하기 위해선 결국 창문을 열고 받아들여야 하겠지요.

사람이 문제이지만
사람이 또한 답입니다.

이 순간도 인생은 흐르고

오늘 하루. 한 마디도 입 밖으로 내지 않았다.
딱히 일이 없어 현관문을 개봉하지 않은 탓이다.
그러고 보니 어제도 그랬다. 이틀 연속, 내가 내뱉은 말은 몇 개 되지 않을 것이다. 아니, 말이라고 할 수도 없다. TV 개그 프로를 보면서 그저 웃었던 게 전부이다.

사람이 그리운 건지, 말이 그리운 건지 헷갈려하는 사이 어느새 형광등을 켜야만 책을 볼 수 있는 시간이 되어 버렸다.

책을 소리 내어 읽는다.

철학자 슬라보예 지젝은 이렇게 말했습니다.
"우리는 자신의 운명을 미리 알게 되고 그것을 피하려고 한다. 그런데 예정된 운명이 실행되는 것은 바로 그러한 도망침을 통해서다."

알 듯 말 듯 한 문장이지만 분명한 건

입을 열었다는 사실이다.
혼자서 혼잣말을 하는 건 이상한 일이지만 혼자서 책을 읽는다는 건 이상한 일이 아니다. 어색하지도 않은 자연스러운 일이다. 여하튼 말을 하니 한결 마음이 위로가 된다.

잠이 올 때까지 책을 읽었고
이제 눈을 감는다.
내일은 나가야지 다짐하지만
나갈 일이 없으면 또 그냥 있기로 한다.
이대로 끝나는 거 아닐까 답답하기도 하지만
뭐 이대로 끝나도 별수 없다.

이것도 분명 인생이니까
아니 어쩌면 기다림을 품고 사는 게
그리움을 참고 사는 게
인생의 전부일 수도

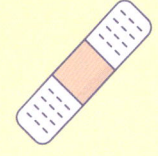

안경테를 바꾸고

안경을 바꾼 지 채 한 달도 되지 않았는데 안경테가 부러지고 말았다. 순간, 세상이 암흑천지다. 옛날에 태어났으면 영락없이 심봉사랑 형님, 동생 할 처지였는데 그나마 문명의 혜택을 받아 안경을 통해 앞을 볼 수 있다.

날이 새자마자 안경점에 갔다. 안경알은 말짱하니 안경테만 바꾸면 될 듯하다. 그런데 안경알에 맞는 안경테가 없단다. 어쩔 수 없이 기존의 안경테보다 조금 작은 안경테를 선택했다.
안경점 주인은 안경알을 새로운 안경테에 맞추기 위해 기계로 위잉 위잉 깎기 시작했다.
십분 만에 새로운 눈이 뚝딱 완성되었다.
안경을 착용했다. 그런데 문제가 생겼다. 안경알을 깎는 바람에 초점이 맞지 않아 눈이 아프고 빙글빙글 돌았다.

"왜 이러죠?"
"처음이라 그럴 겁니다. 곧 적응될 거예요"
"아, 예"

하루 종일 눈이 아프고
빙글빙글 돌았다.
그런데 신기하게도
이틀이 지나 삼일째가
되니 눈의 통증이 멈췄다.
세상도 더 이상 빙글빙글 돌지 않았다. 적응된 것이다.

아, 적응
삶이란 그런 것 같다.
지금은 힘들지만, 내일이 되면 괜찮을 거라는 믿음
지금은 아프지만, 시간이 지나면
그 아픔이 무뎌질 거라는 바람

그렇게 맞춰 살아가는 것이다.
그렇게 적응해가는 것
그게 인생이 아닐까 조심스럽게 생각한다.

위로해주고 격려해주고
들어주고 믿어주고 안아주고 그랬습니다.
그런데 정작 나 자신은 돌보지 못했습니다.
당분간은 내가 나를 품어야겠습니다.

3장
당분간은 내가 나에게 신경 좀 써야겠습니다

기억은 머리로, 추억은 가슴으로

기억은 싫다.

왠지 논리 정연한 것 같아 거부감이 든다.
너 그거 기억해? 그 말속엔 강압이 들어 있는 듯하다. 기억 못 하면 알아서 해. 어쨌든 반드시 기억해서 내 앞에 모든 것을 다 털어놔 꼭 취조받는 느낌이다.
기억이 꼭 그런 것만은 아닌데 왜 그런 생각을 하는 거니? 이렇게 묻는다면 할 말이 없지만, 여하튼 기억에 관한 내 느낌은 그렇다. 그래서 기억이 싫다. 기억한다는 것.

추억은 좋다.

추억. 단 두 글자인데 그 글자 안에 깔깔대는 아이들의 목소리며 모래알을 밟으며 걷는 연인의 발자국이며 술주정하다 어깨에 기댄 채 잠든 선배의 콧소리가 담겨 있다.
추억. 이 단어를 입술에 올려놔 봐라.

얼마나 달달한가. 설탕 가루를 묻혀가며 먹던 도넛 같은, 그이상이다. 얼마나 흐뭇한가. 손에 잡히지 않지만, 눈이 절로 감길 만큼 아련하다. 추억 속에는 나쁜 기억은 살 수 없다. 나쁘다면 그건 이미 추억이 아니다.
현실이 고달픈 사람이 추억에 집착한다지만 절대로 그건 아니다. 추억은 심심할 때 꺼내먹는 간식이랄까. 언제 어디서나 꺼내먹어도 참 맛나다. 질리지 않고 촉촉하다.

기억하는 건 머리를 써야 하지만
추억하는 건 가슴으로 느낀다.
그래서 추억이 좋다.

오늘은 기억을 잠시 멈추고 추억을 달리자.

사랑은 발견하는 게 아니라
지켜주는 것이다

〈어린왕자〉에서 나오는 사막여우는 이렇게 말했지요
사랑은 길들여지는 거라고
그렇다면 서로에게 길들여지기 위해선 뭐가 필요할까요?
바로 자꾸자꾸가 아닐까요.

자꾸자꾸 만나야 자꾸자꾸 챙겨줘야 자꾸자꾸 마음을 나눠야 서로의 관계가 돈독해지고 서로를 의지하게 되고 서로 하나가 될 수 있죠. 다시 말해서 시간과 정성을 자꾸자꾸 쏟아야 서로에게 길들여지는 거죠.

그러나 사랑의 속성이란 게 어린이들이 장난감을 대하는 태도와 같죠. 그렇게 갖고 싶던 장난감도 결국 내 손에 들어오면 금세 시시해지고 싫증이 나기 마련이죠.
목숨을 내줘도 사랑을 택하겠다고 한 그 간절함은 온데간데없고 무덤덤함과 무관심만 남고, 내 것이 되는 순간 희한하게도 식고 마는…

길들여진다는 건 익숙해진다는 것이고
익숙해진다는 건 소중함을 점점 잃어간다는 게 아닐는지

그래서 나온 말이 있지요.

- 사랑은 발견하는 게 아니라 지켜나가는 것

진짜 사랑을 하고 싶은가요?
진짜 사랑은, 사랑을 한 후부터 시작됩니다.
새로운 걸 자꾸 발견하려 하지 말고 그냥 있는 그대로 지켜주세요. 믿어주세요.

나무 의자에 오도카니 앉아 누군가를 기다리는데 어르신 한 분이 다가오더니 말을 건넵니다.

"누굴 기다리세요? 언제까지 기다릴 겁니까?"
"그가 올 때까지요."
"그러다가 나처럼 늙어요. 어서 가세요."
"어서 가라니요? 어디로요?"
"어제 만난 사람한테요. 그 안에 답이 있어요."

우리는 늘 새로운 인연을 꿈꿉니다.
새로운 사람을 만나면 새로운 인생을 살 거라 기대합니다.

하지만 인연은 뜻밖의 일이 아닐뿐더러 서프라이즈 파티가
아닙니다.

어쩌면 당신은 이미 좋은 사람, 소중한 사람을 충분히 가졌는
지도 모릅니다. 다만 당신 스스로 그것을 깨닫지 못한 것뿐

새로운 인연에 집착하지 말고
나와 가까이 있는 사람에게 집중하세요.
그 사람과의 관계를 개선하고 그로부터 답을 찾으세요.

소중함은 멀리 있는 게 아니라 늘 내 가까이에 있습니다.
당신에게 기적과 행운을 가져다줄 사람은
손을 뻗으면 닿을 수 있을 만큼의 거리에 있습니다.
그 사람을 지켜주세요. 그 사람과 다시 시작하세요.

살아있는 한 삶이니까

슬픔의 낭떠러지에 선 한 여인이 있었습니다. 그 여인은 삶의 미련이 없었습니다. 이대로 죽자 맘먹었습니다. 그런데 발이 떨어지지 않았습니다.
그래, 마지막으로 묻자. 여인은 현인을 찾아가 자신의 신세를 한탄했습니다.

"왜 이렇게 제 삶은 슬픔으로 가득 차 있는 걸까요?"

그러자 현인은 여인에게 이런 주문을 했습니다.

"그 답을 알려주겠습니다. 그 전에 할 일이 있습니다."
"그게 뭔가요?"
"슬픔이 없는 집에 가서 그 집의 숟가락을 가져오십시오."

여인은 이 집 저 집을 기웃거렸습니다. 그런데 슬픔이 없는 집을 찾기란 그리 쉬운 일이 아니었습니다.
여인은 숟가락을 구하지 못한 채 결국 빈손으로 돌아왔습니다.

"왜 빈손인가요?"
"슬픔이 없는 집이 없었습니다."
"그렇답니다. 슬픔이 없는 사람도, 그런 인생도 없답니다.
그렇지만 그들이 다 낭떠러지로 가는 건 아니죠.
슬픔을 받아들이고 그것을 이겨내려는 의지가 중요합니다.
아시겠습니까?
슬픈 상황이 당신을 위험한 상황으로 몰고 간 게 아니라
슬픔을 벗어나고자 하는 의지가 없다는 게 당신을 낭떠러지에 세운 것입니다."

여인은 고개를 끄덕이며 다시금 삶의 끈을 잡았습니다.

그렇습니다.
삶이란 녀석은 참으로 알다가도 모릅니다.
도망칠 수도 없는 구석자리까지 매몰차게 몰아붙입니다.
아무리 발버둥 쳐도, 아무리 소리 질러도 도저히 벗어날 수 없는, 어쩔 수 없이 두 손 두 발 다 들고 모든 것을 다 내려놓겠다고 마음속으로 선언을 했습니다. 그 순간, 삶이란 녀석은 은밀히 다가와 귓가에 속삭입니다.

여기서 그러면 안 돼. 다시 시작해봐. 넌 할 수 있어
그 말 한마디에 다시 또 일어납니다.

그런데 꼭 일어날 수 있는 만큼의 힘만 줍니다.
일어났으니 이제 걸어봐. 그건 내 몫이야
그러다 다시 또 구석자리에 몰리면
어김없이 삶이란 녀석이 또 나타납니다.

여기서 끝낼 거야? 어서 일어나

10분간의 휴식. 그리고 또다시 뛰라고 떠밉니다.
그러다 시계를 보니 어느새 인생의 중반을 향해 있습니다.
슬프지만 그래도 다시를 외치는 삶
아프지만 그래도 또를 다짐하는 삶
그게 삶인 것 같습니다. 살아 있는 한 삶이니까요.

여기까지 오느라 참 수고하셨습니다

그동안 얼마나 힘들었나요.
그동안 얼마나 속상했나요.
그동안 얼마나 눈물겨웠나요.

고개를 떨군 채 한숨을 토해내는 당신을 보면서
눈물을 삼킨 채 괜찮은 척 애써 웃는 당신을 보면서
얼마나 조마조마했는지 모릅니다.
그런데 역시 당신은 잘 견뎌냈네요.
주저앉지 않았네요. 이를 악물었네요.

오늘도 힘든 하루였지요?
굳이 말하지 않아도 알아요.
그런데 어쩌죠? 내일도 오늘만큼 힘들 수도 있어요,
그렇다고 미리 걱정하지 않기로 해요.
지금, 이 순간만 생각해요. 이 정도면 정말로 잘한 겁니다.
무너지지 않고 이 자리에 서 있는 것만으로도 훌륭합니다.

오늘 저녁은 아무 생각하지 말고
대한민국에서 제일 편안한 자세로 쉬세요.
마음이 채워지지 않아 허기가 질지도 몰라요.
오늘만큼은 살찔 걱정 내려놓고 먹고 싶은 거 맘껏 드세요.
치킨, 족발, 피자, 닭발, 순대, 라면, 만두, 튀김, 탕수육….
가볍게 술도 한잔해도 좋아요.
당신은 그럴 만한 자격이 충분해요.

한 입 먹고 별을 보고
한 입 먹고 눈물 지우고
한 입 먹고 사랑 꿈꾸고
한 입 먹고 지금까지 이겨낸 나를 칭찬하고
한 입 먹고 앞으로 살아갈 나를 응원하며
오늘을 마무리하는 거예요.

그동안 얼마나 힘들었나요?
여기까지 오느라 참 수고했습니다.

긍정의 페달을 돌려라

시인 롱펠로는 사랑하는 사람을 먼저 보냈습니다.
시인에겐 두 아내가 있었습니다.
첫 번째 아내는 오랜 투병 생활을 하다가 끝내 숨졌습니다.
두 번째 아내는 부엌 화재로 인해 비참한 최후를 맞이했습니다.

엊그제까지만 해도 함께 호흡하고 함께 식사하고 함께 꿈을 꿨던 나의 반쪽, 그 반쪽이 하루아침에 사라졌다고 생각해보세요. 그 충격으로 인해 당장 괴롭고 허전함으로 인해 오랫동안 아플 것입니다. 누구의 위로로도 치유될 수 없고 채워질 수 없지요.

그래도 시인은 견뎌냈습니다. 가슴속엔 여전히 마르지 않는 눈물이 있었지만 애써 미소 짓는 얼굴로 노래했습니다.

"저 나무는 매우 늙었죠. 그러나 해마다 단맛을 내는 사과가 주렁주렁 열립니다. 새순이 돋기 때문이죠."

죽은 줄 알았던 저 나무에서 지금 새순이 돋고 있어요. 고민거리가 산더미만큼 쌓여 있어도, 눈물이 마르지 않아도, 처리할 일이 수북하여도 지금, 이 순간에도 어둠을 찢고 새 아침이 밝아오고 있어요.

한숨 내쉬지 마요. 한숨으로 시작한 하루는 한숨으로 마무리되잖아요. 미소 지어요. 미소로 시작하면 미소로 마무리가 되잖아요. 이왕 할 거, 이왕 살 거, 이왕 지낼 거 활기차게 시작해요. 앞바퀴가 활기차게 돌아가면 뒷바퀴도 덩달아 씽씽 돌아가요. 마음을 돌리기 힘들겠지만 그럽시다.

긍정의 페달을 돌립시다.

지금의 나는
누가 만들었을까

운명이란 탓하는 사람에게는 짓궂게 굴고
용기 있는 사람에게는 길을 열어준다.

- 마틴 루터

아픔이 찾아오면 가장 먼저 드는 생각은 뭘까요?
왜 하필 나에게, 남들은 멀쩡한데 왜 나한테!
억울함이 마음의 분노를 일으키고
짜증과 절망이 마음의 우울감을 불러들입니다.

도대체 어디서부터 잘못된 걸까?
그 원인을 찾고자 지난날을 두리번거립니다.
그런데 대부분 사람들은 자신의 잘못은 빼놓고
다른 사람의 잘못에서 그 원인을 찾는 습성이 있습니다.
다시 말해서 모든 문제를 남의 탓으로 돌리는 거죠.
그때 그가 나한테 조심히 좀 대했다면
그때 그가 그 일을 시키지 않았다면

그때 그가 그곳에 오라고 하지 않았어도….
남의 탓으로 돌리면 일시적으로는 내 탓이 아니라는 생각에
마음의 짐이 좀 가벼워지기도 하지만 그건 순간일 뿐입니다.
다시 곧 분노와 우울은 되살아납니다.

그러다가 어느 순간, 거울 속 나와 마주칠 때가 있습니다.
깨닫게 됩니다. 그리고 인정하게 됩니다.
모든 것이 다 내 문제였음을

지난날의 선택이, 결정이, 습관이, 버릇이
오늘의 나를 만들었음을
여태 이렇게 살아왔으니 지금 이렇게 된 것임을 받아들이게
됩니다.

그래, 모든 것은 내 탓이지
누가 날 조정한 게 아니었잖아. 내 의지였잖아
자존심이 상하고 속상하긴 해도
깔끔히 인정하게 되면 그때부터 마음의 혼돈은 조금씩 사라집니다. 문제를 직시할 수 있고 지금의 상황에 최선을 다할 수 있는 힘이 생기는 순간입니다.

누구를 탓한들 뭐가 달라지겠습니까?
내 의지대로, 내 가슴이 시키는 대로 살아야겠지요.

다시 설 수 있는 첫걸음
오늘입니다.

앉은 김에 잠시 쉬었다 가요

장마철이 시작되면 교통사고가 많이 납니다.
여러 가지 원인이 있겠지만 가장 큰 원인은 단연 속도 때문입니다. 국지성 폭우로 인해 도로가 미끄러워 제동거리가 평상시보다 길어집니다. 그러니 평소보다 20~30% 감속을 해야 합니다. 평상시 속도로 달린다면 그건 소중한 생명을 죽음과 맞바꾸겠다는 것과 다를 바 없습니다.

인생에 있어서도 속도 조절이 참으로 중요합니다.

좋지 않은 일이 연이어 터진다면 그건 분명 멈추라는 신호입니다.
좋지 않은 일이 한 번 찾아오면 순식간에 생각과 행동과 사고가 나쁜 기운에 점령당합니다. 그래서 무슨 일을 하든 다 짜증이 나고 의욕도 반감됩니다. 그럴 때 멈춰야 합니다. 멈출 줄 모르고 될 대로 되란 식으로 계속 진행한다면 일은 더 꼬여만 갑니다.

한 발짝 물러나 마음을 추슬러야 합니다. 때론 그냥 흘려보내

는 시간도 필요한 법. 안달하지 말고 초조해하지 말고 그대로 보내야 합니다.

혜민 스님이 이렇게 말하지 않았습니까.

"멈추면 비로소 보여요. 내 생각이, 내 아픔이
내 관계가. 그리고 내 주변이 또 비로소 보여요."

여태 열심히 달려왔으니 휴게소에 들러 국밥도 먹고 통감자도 먹고 커피도 마시며 잠시 쉬길 바랍니다. 쉰다고 해도 누가 뭐라고 할 사람 없습니다. 한 발짝 뒤에서 보면 오히려 얽혀 있던 매듭을 풀 수 있는 방법을 더 쉽게 찾을 수도 있습니다. 인생의 속도를 올려봤자 죽음의 문턱에 더 빨리 도착할 뿐입니다. 천천히 걷다 보면 평소에 보지 못한 소중한 것과 만나게 될 것입니다. 내 인생의 뒷면과 옆면을 볼 수 있는 눈을 발견할 수 있을 겁니다.

앉은 김에 이참에 잠시 쉬었다 가세요.

그때 그 아이는 지금 어디로 사라졌을까

한 심리학자가 긍정력에 관한 실험을 했습니다.
한 아이를 좁은 방에 혼자 있게 했어요.
그리고 방 한가운데 말똥으로 만든 퇴비를 쌓아두었지요.
과연 아이는 어떤 반응을 보였을까요? 아이는 몇 분 동안은
코를 틀어막은 채 퇴비를 지켜만 봤어요.
그러더니 갑자기 퇴비 더미를 파헤치기 시작했어요.

실험이 끝나고 부모는 퇴비 범벅이 된 아이를 보고 깜짝 놀랐어요.

"더러운데 왜 그걸 만졌니?"

아이는 눈망울을 반짝거리며 이렇게 말했어요.

"말똥 속에 조랑말이 있을 것 같아서 그랬어"

아이의 행동을 통해 긍정력에 관해 어떤 결과를 도출했는지는 심리학자의 몫일 테고, 이 실험에서 우리가 주목해야 하는 건 바로 순수함입니다.

만약 당신이 저 방에 들어갔다면 어땠을까요?
사실 생각만 해도 끔찍할 겁니다. 코를 틀어박고 구토를 하고 쿵쿵쿵 발을 구를 겁니다. 채 1분도 지나지 않아 문을 두드렸을 테지요.

문이 열리자마자 관계자에게 이렇게 따졌을 겁니다.

"뭐 이딴 실험이 있어! 사람을 죽일 작정이야!"

말똥 속에 조랑말이 있을지 모른다며 퇴비를 파헤치는 어른이 과연 있을까요? 예상컨대 한 명도 없을 겁니다. 단지 어른이 아이보다 더 많이 배웠고 더 똑똑하기 때문에 그런 행동을 하지 않는 걸까요? 순수가 사라졌기 때문이 아닐른지요.

어느 초등학생이 쓴 시인데 그 생각이 참으로 귀엽습니다.

    비가 그렇게 내리고
    눈이 그렇게 내리고
    또, 강물이 그렇게 흘러가도
    바다가 넘치지 않는 건
    물고기들이 먹어서겠지

어른들의 머릿속엔 온통 계산뿐입니다.
혹시 손해 보는 건 아닐까?
손익분기점을 넘길 수 있을까?
아파트 평수, 자동차 몇 CC…
숫자만 쫓고 있는 건 아닌가요.

우리 안에도 순수가 여전히 살아 있겠죠. 그럴 거라 믿어요.
우리 안에 천진난만했던 그 아이가 그 모습 그대로 있겠죠.
혹시 그 아이가 지금의 나를 못 알아보면 어떡하죠?

조심조심 그 아이에게 우리 손을 내밀어 봐요.

당신의 존재

수천 년 전에도 없었고
수백 년 전에도 없었고
수십 년 전에도 없었고
한 달 전만 해도 없었습니다.
없는 동안 전혀 불편한 것도 없었고
없는 동안 전혀 아프지도 않았습니다.

그런데 지금은 없어서는
안 될, 있다면 함께해야 할
당신이 그런 사람입니다.
알아가는 내내
내 가슴이 아파오는
당신이 그런 사람입니다.

비가 온다

종일 비
종일 너

그대
어디 계신가요

이런 법이 어디 있나요.
내가 오라고 먼저 그런 것도 아니었는데
느닷없이 와서 왜 내 마음 흔들어놓고
내 인생 뒤집어놓고 잠깐 내리고 사라지는 여우비처럼
간다는 말도 없이 그리 가셨나요.

괜찮다. 괜찮다. 내 마음을 타일러 보기도 하고
잊었다. 잊었다. 애써 밀어내려 했지만
사람의 마음이라는 게 뭐 그리되나요.

왜 늘 사랑은 짧고 그리움은 긴 건지
왜 늘 행복은 짧고 아픔은 긴 건지
왜 늘 웃음은 짧고 눈물은 긴 건지

그게 삶을 살아가는 우리들의 숙명이라면
기꺼이 인정하고 받아들이겠어요.
하지만 그대 없이 살라는 그것만은 안 돼요.
그대 없인 내가 없습니다.

오늘도 그대를 찾으러 집을 나섭니다.
골목 전봇대 뒤에 숨은 게 아닌가 싶어 온 동네 골목은 모조리 돌아다녔어요. 그 백화점 시계탑 아래에 여전히 서 계신가 하고 깊은 밤에 미친 듯 달려갔지만, 꾸벅꾸벅 졸고 있는 시계만 있었을 뿐이었죠.

어느 날은 사다리를 타고 구름 속으로 들어갔지요.
한 치 앞도 보이지 않아 손을 길게 뻗어 휘저었어요.
구름이 뒤로 물러난 자리에 하늘이 길을 내놓았지만, 두리번 두리번 아무리 찾아봐도 그대 보이지 않았어요.
비둘기의 날개 속에 몸을 숨긴 건 아닌가, 공원에 가 비둘기에게 말도 걸어보았지만 역시 그대의 행방을 얻지 못했어요.

비가 가난 없이 내립니다.
이런 날이면 나는 어떡하라고 아무런 소식도 없나요.
안부라도 전할 수 있게
그대 계신 곳 알려줄 순 없나요.

그대, 어디 계신가요.
그대 없인 내가 없습니다.

폭염의 밤

바닐라 향을 닮은 바람 한 점이
가슴 안으로 들어왔다.
달콤하리라. 시원하리라
드디어 내 여름도, 내 인생도

생각했지만 금세 바람이 멈췄다.
지나가는 바람 그것도 모르고…

몸도 마음도 서럽다.
뒤척이다 끝난

폭염의 밤이다.

P.S 언젠가는 이 여름도 추억이 되겠지

벚꽃 엔딩

이맘때쯤이었을 거야
수백, 수천 마리의 흰나비가 나무에 내려앉았지
구름이 전해주는 바람이 나무에 와 닿을 때면
놀란 흰나비 몇 마리가 허공을 짚고 땅으로 떨어졌지
떨어지는 흰 것들을 보며 네가 불쑥 말했어

"다치니까 천천히 떨어져"

그 말 한마디가 얼마나 사랑스러웠는지 몰라
만일 네가 그 말을 하지 않았다면

해마다 벚꽃 나들이를 오지 않았을 거야
너 없는 이곳에서 너를 추억해
한들한들 꽃잎이 흔들려 떨어질 때마다
너의 음성을 기억해

"다치니까 천천히 떨어져"

나도 모르게 두 손을 모아 꽃잎을, 너의 마음을 받기 시작했어
아프지 않게, 다치지 않게 살포시 내려앉으렴
수북이 쌓인 손안의 흰나비 떼들을 보며
한 걸음 한 걸음 걸었어
이 걸음 끝에 네가 있길 바라며 난 지금 걷고 있어

난 여기에 있는데
넌 지금 거기에 있는 거니?
거기에도 내가 있는 거니?

더 쓰려야 한다
더 아파야 한다

커피 세 잔을 내리 마셨다. 일 년 치 커피를 하루에 다 마신 거다. 마취제처럼 몽롱해지고 스르르 잠까지 온다. 격식 있는 자리라 고개를 흔들어 애써 잠을 쫓는다. 서서히 속이 쓰려온다. 커피 하나 제대로 즐길 줄 모르는 이 몸, 참 쓸모없다. 세 잔의 커피를 마시며 문득 프랑스 화가 세잔이 생각났다.

그는 심한 우울증을 겪었다고 한다. 자기 작품을 마구 찢었다고 한다. 나 역시 내 글을 그렇게 대할 수 있을까. 나락 끝의 절박함을 느낄 수 있을까. 아니 감당할 수 있을까. 내가 쓴 글을 교정을 보면서 내 스스로 이런 질문을 해본다.

- 너무 안일하게 쓴 거 아냐?

속이 더 쓰려야 한다.
글이 더 아파야 한다.
난 아직 멀었다.

어떡하죠

밤도 잠이 든 이 밤, 덩그러니
혼자 있다. 쓸쓸함. 외로움. 지루함.
뭐 그런 것들…
가라 가라 해도 이 몹쓸 감정들이 자꾸 내 폐부에 스민다. 밀어도 밀어내도 요것들이 뾰족한 바늘로 내 눈물주머니를 딱따구리마냥 콕콕콕 쪼아댔다. 터질 듯 말 듯 간신히 참아낸다. 기특하게 잘 견뎌낸다.

어느새 달이 참 많이 기울었다.
그럭저럭 오늘을 잘 넘겼다고 생각할 찰나
문득 두려움이 앞선다.

아! 내일
내일 또 이 밤에 이 마음이라면, 어떡하지?

끝내 달이 어둠에 파묻혔다.

액세서리

너의 심장 끝자락
그것도 허락하지 않는다면

너의 눈물방울에
그것도 거부한다면

너의 발뒤꿈치라도
매달리고 싶다.

내 인생을 통째로
내 마음을 온전히
없는 듯 그렇게
너에게 매달고 싶다.

생각만 해도 설레는 그것
첫사랑

왜 이렇게 뛰는 걸까요?
그만 보면 내 심장은 마치 100미터 달리기를 막 끝낸 육상선수 같습니다. 심장이 가슴 밖으로 뛰쳐나올 듯합니다.

누군가가 그랬습니다.
사랑이 찾아오면 세상 모든 것이 다 정지하고 오직 그 사람의 모습만 보인다고. 세상 모든 것이 다 들리지 않고 오직 그 사람의 목소리만 들린다고. 세상 모든 생각이 다 멈추고 오직 그 사람의 얼굴만 생각난다고

지금이 꼭 그렇습니다.
그만 보이고 그만 들리고 그만 생각납니다.

열일곱, 드디어 사랑이 온 걸까?
의심할 여지가 없습니다. 이건 100% 사랑입니다. 사랑에 빠진 것입니다. 하지만 사랑은 기쁨과 동행하지 않고 늘 안타까움을 데리고 다닙니다.

왜 두 마음이 통하지 않는 걸까?
엊그제 힘겹게, 정말 힘겹게 용기를 내 그 앞에 섰습니다. 밤새 연습했던 말, 나 너 좋아해. 그 말을 차마 꺼내지 못했습니다. 혀는 자꾸 그 말을 밀어내고 있었지만 희한하게도 그 얇디얇은 입술이 열리지 않았습니다. 결국 그 말은 입안에서만 맴돌다 다시 목구멍 안으로 넘어갔습니다. 그 앞에서 한 건 겨우 껌 한 통을 건넨 게 전부

"껌 씹을래? 이거 향이 참 좋아"
"고마워"

다음 날, 다시 그 앞에 섰습니다.
역시 아무 말도 못했습니다. 그저 또 껌 한 통만 전했을 뿐 다음 날에도, 그다음 날에도 전할 말을 하지 못한 채 또 껌만 전했습니다. 껌 전달식은 그렇게 석 달쯤 계속되었습니다. 멈추고 싶었지만 멈출 수가 없었습니다. 그가 거부를 하지 않았기 때문입니다.

껌을 통해 충분히 내 맘을 전했다고 생각했습니다. 그런데 언제부턴가 그가 내 앞에 나타나지 않았습니다.

부담스러웠던 걸까? 말없이 껌만 주는 걸 이상하게 생각한 걸까? 그를 볼 수 없었습니다.

어느 날, 그의 집 앞에 서 있는 이삿짐 운반차를 발견했습니다. 그가 이사를 갑니다. 이럴 수가. 좋아한다는 그 말, 아직 전하지도 못했는데. 이대로 끝나는 건가?

이삿짐이 얼추 다 차에 실렸습니다. 곧이어 그는 차에 탔습니다. 이대로 간다면 영영 이별인데…. 입술이 바짝바짝 마르고 심장이 쿵쿵쿵 요동쳤습니다. 차를 막아 세울 객기도 없고 좋아한다고 소리칠 용기도 없는… 이 한심하기 짝이 없는 바보. 차는 뒤도 안 돌아보고 부르릉 떠났고 그제야 허둥지둥 달려갔습니다. 손을 흔들었지만, 소리쳤지만 그는 멈추지 않았습니다. 허탈한 마음으로 멈춰 선 순간, 차 짐칸에서 뭔가가 하나 떨어졌습니다.

자그마한 상자 하나

상자를 열어보니 그 안에는 껌 종이로 접은 수백 개의 종이학이 들어있었습니다. 이 종이학을 접으면서 날 생각한 걸까?

좋아한다는 말 한마디 전하지 못했고, 좋아한다는 말 한마디 들을 수 없었던 그 시절. 못내 아쉽고 안타까웠지만 지금 생각해보면 차라리 잘 됐다 싶습니다.
이렇게 오래도록 아름다운 추억으로 간직할 수 있으니….

내내 감사합니다. 내내 그립습니다.

수십 년이 지난 지금, 그는 어느 곳에서 어떤 모습으로 살고 있을까. 참 궁금하고 다시 또 그립습니다. 누구에게나 첫사랑은 추억임과 동시에 상처인 것 같습니다. 대한민국을 첫사랑의 신드롬으로 물들인 영화 「건축학개론」에서도 첫사랑은 아름다움과 상처로 기억됩니다.

수줍음이 많고 사랑에 대해 아직 잘 모르는 순수 청년 승민은 건축학과 학생입니다. 그는 '건축학개론' 수업에서 음대생 서연에게 첫눈에 반합니다. 사랑이 시작된 것입니다. 그런데 음대생 서연이 왜 전공과목과 전혀 상관이 없는 건축학개론을 들었던 걸까요? 알고 보니 서연은 동아리 선배인 건축학과 선배 재욱을 짝사랑하고 있었습니다. 재욱은 강남에 살고 멋진 외모를 갖고 있습니다. 그런데 승민은 강북에 살고 가난했습니다. 지레 서연을 엄두도 내지 못합니다.

그러다 서연과 친해질 수 있는 계기가 찾아옵니다. 건축학개론 과제를 함께 하면서입니다. 그러는 사이, 승민의 마음은 더더욱 서연에게로 향합니다. 멈추려 하지만 멈출 수가 없습니다.

그러던 어느 날, 승민에게 큰 상처가 되는 장면을 목격하게 됩니다. 술에 취한 서연이 재욱의 부축을 받으며 집으로 들어가는 겁니다. 단둘이서만. 서연에게 심한 배신감을 느낀 승민은 서연을 피하게 되고, 그렇게 둘은 멀어집니다.

그 후로 15년이 지나 둘은 재회합니다. 그리고 제주도 서연의 집을 짓는 그 자리에서 둘은 확인하게 됩니다. 서로가 첫사랑이었다는 사실을…

첫사랑은 참으로 생명력이 깁니다.
아무리 지우려 해도 지워지지 않습니다.
처음이란 게 다 그런 것 같습니다.

처음 만난 학교, 처음 탄 월급, 처음 설렌 마음, 처음 꿨던 꿈, 처음 알게 된 친구, 처음 직장, 처음 눈물, 처음 이별, 처음 얻은 성과….
처음이란 건 신선하고 때론 충격적입니다. 그래서 기억의 창고 속에 각인이 되어 쉽게 사라지지 않습니다. 물론 첫사랑도 그렇습니다. 사는 동안 다양한 일을 겪게 되고 수많은 사람을 만나지만 첫사랑에 대한 기억은 절대로 사라지지 않습니다.

그만큼 그때의 순수한 마음이 그리워서 그럴 겁니다.

오늘 한 번 첫사랑의 기억 속으로
여행을 떠나보는 건 어떨까요?
열일곱 혹은 스무 살의 어린 나로 유턴해 보는 겁니다.

아, 생각만 해도 설레지 않나요?

처서

잠을 잘 때 제법 쌀쌀하다
창문을 닫을까 하다가
그냥 열고 잔다.

혹여 이 밤
그대 오실까?

어쩌면
잠든 사이
이미 다녀가셨는지도

숙제

사람의 숙제
생존의 숙제
집필의 숙제
감정의 숙제

어릴 땐
숙제를 안 해가면 혼나면 그만인데
이제 어른이니 그럴 수도 없고
그럴 배짱도 없고

잘 풀리지 않아
눈이 감기지 않는다.

언제쯤 숙제 끝을 외칠 수 있을까?
언제쯤 '참 잘했어요' 도장을 받을 수 있을까?

나는
내 인생은

사랑이, 꿈이, 사람이
왜 자꾸 내 인생에 태클을 거는 걸까?
언제까지 흔들리며 걸어야 하는 걸까?
나를 잡아줄 것은 무엇일까?
나를 살게 하는 것은 무엇일까?

4장
흔들리는 나를 잡아주는 그 무엇

스물 셋,
그 깊이에의
프로포즈

가수 이상은은 〈언젠가는〉에서 이렇게 노래했다.

> 젊은 날엔 젊음을 모르고 사랑할 땐 사랑이 보이지 않았네
> 하지만 이제 뒤돌아보니 우린 젊고 서로 사랑을 했구나!

참으로 감탄사가 절로 나오는 구절이다. 인생의 끝자락에서선 사람이나 깨달을 법한 얘기가 아닌가. 그러고 보면 우리는 늘 '지금 알고 있는 걸 그때도 알았더라면'이란 말을 입에 달고 산다.
그 당시에는 왜 깨닫지 못하는지. 내가 참 젊다는 것도, 내가 참 사랑한다는 것도, 내가 참 행복하다는 것도. 보내고 난 후에, 잃어버린 후에야 아쉬워하며 뒤늦게 후회한다.

허나 젊은 날에 젊다는 걸 안다고 해서, 사랑할 때 사랑을 본

다고 해서 뭐가 달라질까. 후회하지 않는 것과 나중에 후회하는 게 뭐가 또 달라질까. 어차피 그것도 이것도 다 인생이거늘…

지금 나의 관심사는 한 청춘의 깊이다.
이 가사를 적을 당시, 그녀의 나이는 불과 이십 대 초반이었다는 사실. 그 나이에 그 가사를 써냈다는 게 그저 놀랍기도 하고 세상을 너무 일찍 알았다는 게 안타깝기도 하다.

그 스물세 살의 이상은 지금은 어디서 무엇을 하며
어떻게 사는지 궁금할 따름이다.

언제쯤일 진 모르겠지만
언젠가는 그 깊이를 재고 싶다.

굿바이 형광등

며칠 전부터 희미하다.

시력이 떨어진 걸까. 노트북 모니터가 문제일까. 천장을 올려다보니 형광등이 문제였다. 양쪽이 검게 멍들었다. 시간이라는 주먹에 제대로 한방 얻어맞은 거다. 그러고 보면 시간 앞에서는 모든 것들이 다 속수무책이다. 아무리 튼튼한 나무라도, 아무리 사나운 짐승이라도, 아무리 견고한 건물이라도, 아무리 깐깐한 성질이라도 결국은 다 무너지고 만다. 아무리 맷집이 좋아도, 멘탈이 강해도 소용없다. 세월이 던지는 어퍼컷은 그 누구도, 그 무엇도 이겨낼 순 없다. 나약한 존재가 되고 만다.

그나저나 떠나야 하는 형광등은 얼마나 허무할까? 그래도 찬란한 시절이 있었기에 덜 허무할 거다. 어둠을 밝히기 위해 얼마나 애를 써왔던가

그러고 보니 초라한 내가 보인다.

아, 나는 찬란한 적이 있었던가
찬란하게 만개한 적이 있었던가

아무리 생각해도 그런 적이 없다. 내 자신이 한심하다. 하지만 한편으로는 퍽 다행이라는 생각이 들기도 한다. 일찍 피는 꽃은 일찍 진다고 하지 않았던가. 꽃봉오리조차 피지 못한 내 인생, 그러하기에 얼마나 희망적인가
피어날 수 있을까. 찬란히 빛을 뿜어낼 수 있을까. 생각할수록 머리가 아파오고 두려워지는 게 현실이지만 그래도, 그래도, 그래도… 아직 맞이하지 않는 그 찬란한 찰나. 그 찰나의 시절이 올 거다 곧 올 거다 기대하며 위로하니 입가에 미소가 번진다.

형광등을 교체해야겠다.
이제 그를 편히 보내야겠다.
내 삶의 빛을 맞이해야겠다.

생각의 그릇 넓히기

모든 사람들이 자신은 개입되지 않은 것처럼
다른 사람의 잘못된 편견에 대해 불평을 한다.
그렇다면 치료방법은 무엇인가?
그것은 모든 사람들이 다른 사람의 편견은
놔두고 자신의 편견을 반성하는 것이다.

- 존 로크

한 할머니가 매일 오토바이를 타고 국경을 넘었습니다.
오토바이 뒤에는 주머니 하나가 묶여 있었습니다.
세관원은 그 주머니를 의심의 눈초리로 쳐다봤습니다.

"할머니, 이 주머니를 수색 좀 하겠습니다."

주머니 안엔 별 게 없었습니다.

"모래뿐이잖아. 어서 지나가세요."

다음 날에도 할머니는 오토바이를 타고 국경을 넘었습니다.
그 후로도 한 달 넘게 할머니는 국경을 넘나들었습니다.

세관원은 고개를 갸웃거리며 중얼거렸습니다.

"분명 뭔가 있어. 밀수를 하는 게 분명한데 찾아낼 수가 없네"

어느 날, 세관원은 할머니의 오토바이를 가로막았습니다.

"할머니, 저에게 솔직히 말해주세요. 뭘 밀수한다고 해도 용서를 해줄 테니 도대체 뭘 밀수하는지 말해주세요. 궁금해 죽겠습니다."

그러자 할머니는 피식 웃으며 말했습니다.

"정말로 모르겠소? 바로 이거요. 오토바이"

어느 책에서 읽은 이야기를 좀 다듬은 것입니다.
세관원은 주머니 안에만 의심했지 오토바이가 밀수품이라곤 전혀 예상하지 못했습니다. 이렇듯 우리의 생각은 의외로 갇혀 있습니다.
어떤 물체든 단면만 있는 게 아니라 입체로 형성되어 있는데 우리의 시각은 단면에만 고정되어 있습니다. 그래서 간혹 일면만 보고 그릇된 판단을 하는 실수를 하기도 합니다. 그러기 때문에 자신의 생각과 판단만이 옳다고 확신하는 건 위험합니다. 내 생각이 틀릴 수도 있고 좁을 수도 있음을 늘 염두에 두고 타인의 조언과 지적을 수용할 수 있어야 합니다.

이 세상에는 아주 긴 모양의 물건과 아주 무거운 물건이 수두룩합니다. 30cm 자로는 아주 긴 모양의 물건을 잴 수 없습니다. 100kg 저울로는 아주 무거운 물건을 측정할 수 없습니다.

마찬가지입니다. 세상은 참으로 다채롭습니다. 그런데 우리는 혹시 30cm 자와 100kg 저울로 세상을 다 재고, 다 담을 수 있다고 착각하고 있는 건 아닌가요?

세상을 안으려면 다양한 자와 저울이 필요합니다. 사람을 알고자 한다면 더 넓은 기준과 깊은 이해가 필요합니다.

너는 잘 살아지니?

나는 그 뒤를 쫓아갔다.
미친女의 손목을 가까스로 잡을 수 있었다.
거친 호흡을 내뿜으며 나는 미친女에게 말했다.

"이제 그만 정신 차려. 제발…"

미친女가 배시시 웃더니 당돌한 눈빛으로 내게 말을 건넸다.

"미치지 않고 살아지니? 너는?"

나는 눈을 슴벅슴벅 껌벅일 뿐 아무 말도 못했다.
이 세상도, 이 그리움도 그러고 보니…

꿈에서 깨어나기가 두려웠다.

로또 당첨이 되는 방법이 뭘까요?

마중물이란 말이 있습니다.

지금은 집집마다 수도가 설치되어 밸브만 열면 물이 펑펑 쏟아지는데 예전에는 수동식 펌프로 지하수를 퍼 올려 사용했습니다. 펌프질을 펌프 손잡이를 잡고 위아래를 움직였습니다. 그런데 무턱대고 움직인다고 물이 솟구쳐 오르는 게 아닙니다. 이때 필요한 게 바로 마중물입니다. 한 바가지 정도의 마중물을 붓고 펌프질을 해야 비로소 '꺼억꺼억' 소리를 내며 물이 솟구쳐 나옵니다.

많은 물을 얻기 위해선 최소한의 마중물이 필요하듯 무언가를 원한다면 최소한의 투자는 필요합니다. 감나무 밑에 누워 있다고 감을 먹을 순 없죠. 나무 위로 올라가든지 긴 장대를 휘두르든지 뭔가를 해야 감을 먹을 수 있는 겁니다. 그것도 하기 싫다면 누군가에게 감을 따달라고 부탁이라고 해야 합니다. 대가를 지불하지 않고 얻을 수 있는 건 없지요.

이 세상에 공짜는 없습니다.

아주 값비싼 핸드백을 갖고 싶다면 죽어라 일을 하든지
아니면 한 달 동안 라면을 먹든지 해야 해요.
건강한 몸을 얻기 위해선 술과 담배를 줄이든지
아니면 뜀박질로 심장을 단련시켜야 해야 해요.
영어 회화를 잘하기 위해선 이태원에 자주 나가든지
아니면 새벽잠을 줄여 학원을 다녀야 해요.
최소한의 노력 혹은 그 이상의 지독한 노력이 필요한 거죠.

로또 당첨이 되길 원하세요? 방법은 간단해요.
마음속으로 된다 된다 주문만 외우지 말고
우주의 기운을 끌어당길 생각만 하지 말고

당장 엉덩이를 움직여 로또 판매점으로 가세요.
로또를 손에 쥔 자만이 당첨의 기회가 생길 테니까요.

시간이든 정성이든 투자한 자만이 기적을 갈망할 자격이 있으니까요. 혹여 로또가 된다면 외면하지 말고 연락주세요. 그렇다고 큰 걸 바라는 건 아닙니다. 막걸리 한 잔이면 됩니다.

왜 가장 가까이 있는 사람이 가장 아프게 하는 걸까

내 발로 나가든지 아니면 그 인간을 내보내든지 사생결단을 내고 싶지만, 물론 내가 나가는 게 빠르겠죠. 오늘 또 그 인간이랑 마주쳤잖아. 예. 예. 대답은 하지만 그건 수긍의 대답이 아니었어. 조금이라도 빨리 외면하고 싶은 내 심정이랄까?

남의 돈 받는 게 일의 대가 외에도 밉고 싫은 사람이랑 한 공간에 있어야 하는 그 고통의 값도 포함된다는 걸 왜 지금에서야 알았을까. 처음엔 이유가 있어서 싫었는데 이제는 이유도 없이 싫어. 왜 이렇게 하나에서 열까지 다 밉고 싫은 거지?

스트레스 게이지 수직상승

내가 어떻게 할 수 없으니 누군가라도 그 인간을 응징했으면 하는 바람뿐

집에 왔어. 꽃은 말이 없어 좋아
더군다나 조화는 귀찮게 하지 않으니 더 좋아
늘 활짝 웃으며 날 반겨주고 날 믿고 지켜봐 주잖아
사람이 싫어지는 날이면 더더욱 네가 좋아져

조화는 말이 없어 좋고 날 귀찮게 하지 않으니 좋다.

이렇게 게시판에 글을 남겼더니 누군가가 댓글을 달았어
- 조화를 좋아하면 정서에 나빠요.
- 조화는 죽은 꽃이에요. 우울한 인생이군요.

조화를 좋아하면 정서에 나쁘다고? 물론 생명이 있는 생화가 낫겠지. 그렇지만 생화는 자꾸 신경이 쓰이잖아. 물도 줘야 하고 돌봐야 하고 꽃이 시들면 가슴도 아프고
우울한 인생이라고? 조금은 인정하지만 전체 다 그런 건 아니야. 누굴 뭘로 보고!

기분 좋을 때는 이런 댓글이 관심의 표현이다 생각이 드는데, 오늘 같은 날은 정말 싫어. 왜들 난리야. 내가 조화가 좋다는

데 왜 반기를 드는 거야. 아무튼 오늘은 다 싫어. 누구 한 명 걸리기만 해

다 그 인간 때문이야. 인간 때문에 행복한 건 순간이고 고통받는 건 왜 이렇게 긴 지. 왜 가장 가까이 있는 사람이 가장 아프게 하는 걸까. 왜 가장 가까이 있는 사람이 가장 맘을 못 알아주는 걸까. 혹시 나도 누군가를 아프게 하는 건 아닐까?

문득 그런 생각

도대체 어떤 게

사랑해선 안 된다면

사랑할 수 있는 것만을
사랑하며 사는 게 옳은 것인지
아니면 종착 지점이 보여도
가슴이 시키는 대로 하는 게
옳은 것인지

도대체 어떤 게…

답을 갖고 있는 분
연락 좀 주세요.

아직 해가 퇴근도 안했는데
초저녁부터
그렇게 울어대면 어떡하니?

이 길고 긴 밤
나는 어쩌라고

해낼 수 있는 일은 해내면 된다.
금지된 것들이나 불가능한 것들이
늘 문제다.
일단 한 번 해보는 거다. 결국, 마음이다.
마음이 가리키는 곳에 그대가 서 있으면 된다.

5장

금지된 것, 갈망하며
모든 불가능, 사랑하며

 ## 그냥 해본 건데

사람들은 아니면 말고 하는 식으로 잽을 날린다.
그런 잽 중에 하나가 바로 '그냥 해본 건데'이다.
어떤 말을 툭 던져놓고
상대방이 어쩔 줄 몰라 하거나 민감하게 반응을 하면
순진한 표정을 지으며 이렇게 말한다.

"그냥 해본 말인데 왜 그렇게 심각하게 받아들이니?"

정말로 그냥 해본 말일까? 분명 그냥 한 말이 아니다.
상대방을 민망하게 만들거나 곤경에 빠뜨리기 위해
던진 말이 분명하다.
그냥이란 말속엔 정감이 있고 그리움이 숨어 있지만
이 경우엔 다르다.
그냥이란 말은 참으로 전략적이고 계산적이다.
의도하지 않는 것처럼 보이지만 그건 다 의도한 거다.

"너 사람을 왜 때렸니?"
"그냥요"

이게 말이 된다고 생각하는가? 그냥이란 있을 수 없다.
마음이 움직였고 그 마음이 행동을 부른 것이다.
그냥 해본 건데. 그건 의도를 숨기고 있기 때문에
더 나쁘다.

차라리 대놓고 말해라
교묘하게 상대를 곤경에 빠뜨리지 말고
그냥이란 말로 책임을 회피하지 말고
바보인 척하지 말고

여러분, 알겠죠?
모르면 말고요.
그냥 해본 소리니까

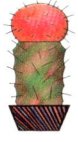

굿나이트 내 인생

사는 동안 오지 말았으면 하는 곳에 있다. 바로 병원이다. 그러나 인생이 뜻대로만 된 적이 있던가. 저 멀리 한강이 보이는 12층 병상에 누워 있다. 이곳이 별 다섯 개 호텔이었다면, 가볍게 와인을 즐길 수 있는 스카이라운지였다면 저 한강은 분명 아름답고 눈부셨을 것이다. 하지만 지금 저 한강은 그저 그런 풍경에 지나지 않다. 그럼에도 불구하고 먼저 온 선배님 5명 모두 똑같이 창밖 한강을 바라보고 있다. 볼 건 한강밖에 없고 또한 막상 이 안에 있으니 얼마나 밖이 그리울까.

이 공간에서는 평등하다. 똑같은 옷을 입고, 똑같이 식판에 밥을 먹고, 똑같이 누워 있고, 똑같이 주사 맞고, 똑같이 의사에게 고개를 숙인다.
밖에서 얼마나 잘 나갔는지, 얼마나 똑똑했는지, 얼마나 멋졌는지 그게 별 중요하지 않다. 그냥 모두 다 나약한 존재이고 고통받는 존재일 뿐이다. 물론 높은 양반들이나 돈 많은 갑부들은 넓은 방에 홀로 있겠지만 그렇다고 통증이 사라지는 건 아닐 게다. 아픈 건 똑같이 아프다.

이 공간에서는 경건해지고 깊어진다. 죽음과 가장 가까이 있는 곳이기 때문이다. 인간이 얼마나 나약한 존재인가를 깨닫게 해 준다. 돈과 성공 외에도 인생에 있어서 중요한 게 더 있다는 걸 깨닫게 해 준다. 이 공간에서는 철학자가 되고 초월자가 되고 순응자가 된다. 물론 이곳을 벗어나는 순간, 다시 사나운 짐승이 될 테지만

검사 결과가 나왔다.
천만다행이다. 통증은 여전하지만, 이 정도쯤이야

창밖의 한강을 다시 보니 제법 아름답고 눈부시다. 역시 한강은 밤에 그럴싸하다. 저 한강을 바라보며 내 마음속에서 흘렀던 여러 사연에 대해 생각해본다. 또한 앞으로 흐르게 될 사연 역시 점쳐본다.

어느덧, 한강대교를 오가는 차량의 불빛이 뜸해진다.
사는 동안 오지 말았으면 하는 곳에서 깊은 밤을 맞이한다.
먼저 온 선배님 5명은 똑같이 평등하게, 경건하게 코를 곤다.
이제 노력해야겠다. 자볼 수 있도록

굿 나이트. 내 인생

마음이여 닿아라

술을 마시지만 다 말할 수 없는 이야기가 있고
웃지만, 그 웃음 뒤에 꺼낼 수 없는 아픔이 있고
그립지만 뒤돌아서면 더 그리운 사람이 있다.

마음이란 것은
넓고 높고 깊고 찬란하지만
결국 단순하다.

술을 마시는 이유도
아픈 이유도
그리운 이유도

결국 하나다.

그 하나를 채우지 못해
이리 글이 되는 거다.

아, 마음이여 닿아라
아, 부디 읽어라

내 안의 분노에게 자장가를 불러주세요

엄마가 어린 딸을 데리고 마트에 왔습니다.
엄마는 딸을 카트에 태우고 필요한 물품을 사기 위해 마트 이곳저곳을 돌아다녔습니다. 그런데 딸은 뭐가 맘에 들지 않았는지 갑자기 울며 떼를 쓰기 시작했습니다. 그러더니 급기야 카트에 담은 물건들을 집어서 바닥으로 던지는 것입니다. 딸은 멈추지 않고 계속해서 심술을 부렸습니다.
엄마는 길게 숨을 한 10초간 내쉬더니 차분한 말투로 말했습니다.

"정희야, 참아야 해. 화가 나도 참아야 해. 곧 끝날 거야. 이제 됐어. 그래, 아주 잘하고 있어"

딸은 진정이 됐고 엄마는 계산대로 왔습니다.
계산하는 아가씨가 엄마에게 말했습니다.

"어머니, 참으로 대단하세요. 아이에게 그렇게 친절하고 상냥하게 타이르는 모습이 참 감동적이네요."

그러자 엄마가 대답했습니다.
"사실 정희는 제 딸의 이름이 아닙니다. 바로 제 이름이죠"

이 이야기는 어느 책에서 본 <분노 다스리기>에 관한 일화인데 나름대로 다듬은 것입니다.

세상 모든 일이 다 내 뜻대로 돌아간다면 굳이 분노의 감정이 분출할 일도 없을 겁니다. 그런데 세상일이 내 뜻대로 되나요. 살아가다 보면 일이 삐꺽거리기도 하고, 가족 간의 갈등이 발생하기도 하고 괜히 시비를 거는 사람이 생기기도 합니다. 그런 상황이 닥치면 마음의 평정을 잃어 얼굴을 붉히게 되고 끝내는 격한 감정을 분출하고 맙니다.

분노를 분출하면 문제가 해결될 거라 생각하지만 오히려 더 큰 싸움의 단초를 제공할 뿐입니다. 그리고 가장 많은 피해를 보는 이는 바로 나 자신입니다.

뇌를 연구하는 박사들에 의하면 분노는 뇌에 악영향을 끼친다고 합니다. 그리고 많은 경험을 통해 익히 알겠지만, 분노의 결말은 후회밖에 없습니다.

그렇다면 갑자기 치밀어 오르는 감정을 어떻게 다스려야 할까요? 흔히들 1부터 10까지 천천히 숫자를 세면서 심호흡을 하라고 하는데 그보다도 이 방법을 추천합니다.

일단 그 자리를 피하는 겁니다.
눈에 보이지 않으면 마음도 멀어진다고 했던가요. 화낼 상대가 보이지 않으니 분노도 서서히 누그러지겠지요.

사실 자기감정을 다스린다는 게 어려운 일입니다.
그래도 해야 합니다. 생각해보십시오.
우리 인생이 얼마나 덧없습니까.

사랑하며 살기에도 턱없이 부족한 시간인데
왜 분노로 시간을 낭비합니까.

분노에게 자장가를 불러줍시다.
10초를 참지 못해 평생 후회하는 일을
만들지 않아야 하니까요.

지하철에서 종일 들었던 그 노래
친구를 기다리면서 들었던 그 노래
이별의 상처를 달래기 위해 들었던 그 노래
고독할 때 친구 삼아 들었던 그 노래
볕을 쬐며 벤치에 앉아 들었던 그 노래
새벽녘 속초 바다를 향해 달리며 들었던 그 노래
이어폰을 하나씩 나눠 그와 함께 들었던 그 노래
광란의 밤을 보내며 몸을 마구 흔들어댔던 클럽의 그 노래
삶의 일부였고 하루하루를 지탱해주었고
미래를 밝혀줬던 그 노래

그 위대한 노래가 어느 날, 다소 황당한 모습으로 다가왔다. 한 작곡가가 TV에 출연해서 그 노래의 탄생 비화를 밝혔는데 글쎄 술 마시다가 문득 생각나 5분 만에 완성했다는 거다. 그 말을 듣는 순간, '뭐 이런 짬뽕 같은 경우가 있어'라는 말이 입 밖으로 나왔다. 내가 그 노래와 함께했던 시간과 그 노래에 애정을 쏟았던 시간이 얼마나 많았는데, 그 노래로 울고 웃었던 나날들이 얼마나 많았는데 고작 5분 만에 완성한 노래였다니, 그것도 술 먹다가. 그 작곡가의 즉흥적인 감정에 내가

놀아났다는 생각에, 그 작곡가의 5분과 내 청춘의 시간과 맞바꿨다는 생각에 어이가 없고 화가 났고 허무했다. 그래서 그 노래를 끊었다.

그런데 어느 날, 중대한 결정을 내려야 할 때가 있었다.
그 결정을 내리기까지 숱한 밤을 지새웠다. 그리고 마침내 방향을 정했다. 그동안이 고민과 근심과 번뇌가 한순간에 마무리되었다. 아, 모든 것은 순간에 결정되는구나. 이런 생각을 하던 차에 문득, 그 노래가 떠올랐다. 그리고 그 작곡가의 5분이 떠올랐다.

그날 밤, 나는 그 작곡자에게 용서를 구했다.
내 생각이 참 어리석었다. 그 작곡가에게 있어 그 5분은 감히 내가 측량할 수 없는 감정의 깊이였음을, 수많은 눈물과 고통이 쌓여 있는 내면의 골에서 끌어올린 혼이고 극단의 힘임을, 나는 미처 몰랐던 거다. 단지 숫자 5로만 그를 평가했고 그에게 속았다고 생각했던 거다.

밤에 다시 그 노래를 들었다.

그동안 못 들었던 시간까지도 합해서
아주 오래도록

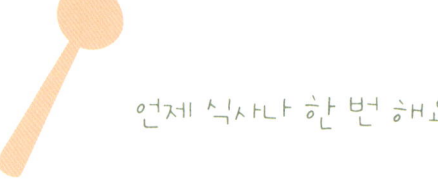

언제 식사나 한 번 해요

헤어질 때 흔히 상대에게 이런 말을 건넵니다.

"언제 식사나 한번 해요."

그럼 다들 짠 것처럼 이런 식으로 대답을 합니다.

"예. 그래요. 언제 식사 함께해요."

이렇게 헤어진 이 두 사람은 과연 나중에 함께 식사하는 자리를 마련했을까요? 당사자가 아니기 때문에 정확히 알 순 없지만, 예측을 한다면 다시 만나 식사를 했을 확률은 낮을 겁니다. 언제부턴가 '식사나 한번'이 형식적인 인사말이 되었습니다.

"언제 식사나 한번 해요."

이런 형식적인 인사말에 "언제요? 날짜를 지금 정할까요? 메

뉴는 뭐로 하는 게 좋을까요?" 이렇게 되묻는 게 오히려 상대를 불편하고 당황하게 만들 수 있습니다.

생각해보니 저 역시 누군가를 만났을 때 '언제 식사나 한번'이라는 인사말을 건넸던 적이 많았던 것 같습니다. 정말 상황이 여의치 않아서 부득이하게 다음번으로 약속을 미룬 적도 있지만, 대부분은 인사치레였던 게 사실입니다. 정말로 함께 식사를 하고 싶다면야 당장 가까운 식당이라도 들어갔겠지요. 아니면 그 자리에서 구체적인 날짜와 장소를 정했을 테지요.

왜 인사치레로만 끝나는 걸까 또 생각해봅니다.

아마도 함께 식사를 할 만큼 관계가 돈독하지 않은 까닭일 겁니다. 서먹하고 어색한 관계인데 굳이 불편한 상황을 만들 필요가 없다고 판단을 했겠지요. 그래서 늘 적당한 거리를 둔 채 상대가 기분 나쁘지 않을 만큼의 인사말만 건넵니다.

그런데 다시 또 생각해봅니다.

서먹하고 어색해서 식사를 하지 않았던 게 아니라 식사를 함께하지 않았기 때문에 서먹하고 어색한 게 아니었을까?

함께 식사를 한다는 것, 그건 단지 음식을 입안에 집어넣는다는 것만을 의미하지 않습니다. 같은 공간에서 같은 시간에 원초적인 쾌락인 '먹는 즐거움'을 공유한다는 겁니다. 그거뿐만 아니라 가장 중요한 소통이 이뤄진다는 겁니다.

좋은 음식 앞에선 누구나 다 행복해지고 마음의 담장이 무너집니다. 식사를 하며 자연스럽게 대화가 오가고 서로의 존재에 대한 확인과 미처 몰랐던 마음과 생각을 알아가게 됩니다. 당연히 둘의 관계는 가까워지겠지요. 즉, 함께 식사를 한다는 건 단순히 맛만을 느끼는 게 아니라 설렘의 감정, 미적인 쾌락, 행복한 분위기를 함께 공유하는 다른 방식의 사랑이며 의사소통의 장입니다.

인간관계를 유지시켜주고 회복시키는데 함께 식사하는 것만큼 유용한 게 없습니다. 이렇다 보니 그와 함께 밥을 먹어보지 않고 그에 대해 안다고 말하지 말라는 말이 허투루 하는 소리는 아닌 듯합니다.

영화 「비열한 거리」에서 삼류 조폭 조직의 2인자로 분한 배우 조인성이 자신의 휘하에 있는 졸개들과 밥을 나눠 먹으며 이렇게 말하는 장면이 있습니다.

"식구가 뭐여, 같이 밥 먹는 입구멍이여"

먹을 식(食) 입구(口).
그의 표현대로라면 함께 한 끼 식사를 한다는 것은 참으로 큰 의미를 갖습니다. 식사를 하는 순간, 식구가 되는 것입니다.

식사를 합시다. 마주 보며 식사를 합시다. 주저하지 말고 마주 보며 식사를 합시다. 커피나 쿠키를 나눠 먹는 것도 좋지만 고슬고슬 윤기가 좌르르 흐르는 따뜻한 밥 한 그릇 나눕시다. 두 번 다시 보고 싶지 않은 철천지원수라면 굳이 식사의 자리를 마련할 필요는 없지만 그게 아니라면 꼭 식사 자리를 마련해 함께 합시다. 음식 맛이 주는 즐거움에, 사람도 알아가는 기쁨까지도 다 누릴 수 있을 겁니다.

우리 언제 식사할까요?

원래 잘 웃었잖아

Y의 정기검진일입니다.
간이 좋지 않아 6개월마다 상태를 점검해야 합니다. 아침 일찍 일어났습니다. 동네 병원이긴 하나 웬만한 대학병원보다 더 밀립니다. 8시 진료 시작인데 7시 20분부터 기다렸습니다. 자칫 늦장을 부렸다가는 오전 내내 기다려야 합니다. 올해 들어 가장 춥다는 아침, 정말 추웠다. 간밤에 분 바람 때문인지 길거리엔 은행잎으로 뒤덮여 어지러웠습니다. 일찍 서두른 보람이 있었다.

첫 번째로 접수할 수 있었습니다.
8시, 칼같이 원장이 진료실로 Y를 호출했습니다. Y는 불안한 표정을 지으며 진료실로 들어갔습니다. 어느 때와 달리 더 불안했던 이유는 간뿐만 아니라 갑상선 검사도 해야 하기 때문입니다. 지난달에 다른 병원에 입원을 한 적이 있는데 갑상선을 꼭 검사해보라는 권유를 받았습니다. 그래서 이참에 갑상선까지 검진을 하기로 한 것입니다.

의사에게 몸 상태를 설명한 후, Y는 검사를 받기 위해 밖으로 나왔습니다. 2층으로 올라가는 계단은 좁았습니다. 그곳에서 피를 뽑았습니다. 그런데 피 뽑을 때 애먹었습니다.

여태껏 하도 피를 많이 뽑다 보니 혈관들이 다 없어졌습니다. 바늘만 들어가면 혈관들이 잔뜩 겁을 먹고 꼭꼭 숨어버립니다.
간호사가 짧은 한숨을 내쉽니다.

"죄송합니다. 왼쪽 팔로 할게요."

세 번의 바느질 끝에 가까스로 혈관을 찾아냈습니다.

한 층 더 올라가 3층에선 간과 갑상선 초음파를 했습니다. 피검사는 3일 후에 결과가 나오고 초음파는 곧바로 원장에게 설명을 들을 수 있었습니다.

Y가 진료실에 들어간 지 10분이 지났는데 나오지 않았습니다. 말이 길어지는 거 보니 왠지 불안했습니다. 입술에 침이 마를 즈음, Y는 문을 열고 밖으로 나왔습니다. 그런데 Y가 나를 보더니 환하게 웃었습니다. Y의 웃음을 보니 마음이 놓였습니다. 그래, 결과가 좋은가 보군. 안심이 되었습니다.

"뭐라서? 괜찮다지?"

당연히 괜찮다고 말할 줄 알았습니다.
그런데 Y는 작은 목소리로 말했습니다. 둘 다 상태가 좋지 않다고. 비장이 부어있고 목 주위 갑상선도 두 쪽 다 염증이 있고 부었다는 겁니다. 특히 오른쪽은 놀랍게도 많이 부었다고 했습니다. 자세한 건 3일 후, 피검사 결과가 나오면 그때 말해준다고. 여하튼 조심하지 않으면 간경화로 갈 수 있고 갑상선도 암으로 발전할 수 있다는 겁니다. 당부의 말도 있었습니다. 피곤하면 얼른 쉬고 특히 스트레스받으면 안 된다고…

Y는 깊은 한숨을 쉬었습니다.
이럴 때 어떻게 해야 할지 참으로 난감합니다. 누군가를 위로해주는 게 늘 낯설고 어색합니다. 고작 내뱉은 말이라곤 이렇습니다.

"배고프지? 어서 밥 먹자. 피 뺀다고 밥도 못 먹었잖아"

병원 근처 식당에서 순두부찌개와 오징어볶음을 먹었습니다. Y는 한두 숟가락 먹더니 숟가락을 놓았습니다. 원래도 양이 적은 데 오늘은 더 적게 먹었습니다. 사실 이런 상황에 밥이 넘어가겠는가. 결국 내가 다 해치웠습니다. 또 살쪘습니다.

Y는 종일 우울했습니다. 난 옆에서 어쩔 줄 몰라하고 위로랍시고 엉뚱한 말을 했습니다.

"그러니까 뭐하려고 검사를 해? 모르는 게 차라리 속 편하지 안 그래?"

괜히 그 말을 했습니다. Y는 더 속상해했고 나는 더 어쩔 줄 몰라했습니다. 말주변이 없다는 게 이럴 땐 참으로 불편합니다. 긴 침묵이 흘렀습니다. 침묵이 어색해 불쑥 말을 던졌습니다.

"그런데 왜 아까 웃었어? 진료실에서 나올 때 말이야. 왜 환하게 웃었냐고? 난 괜찮은 줄 알았잖아"
"원래 잘 웃잖아"

아! 그렇지. 맞다. 원래 Y는 잘 웃었지. 예전부터 그랬습니다. 내 쪽으로 걸어올 때 저 멀리서부터 Y는 웃었습니다. 그 환한 미소가 참 좋았습니다. 그 미소를 받았으면 답례로 미소를 건네야 하는데 난 늘 무표정이었습니다. 그 후로도 Y는 계속해서 웃었습니다.
그런데 어느 순간부터 나는 Y의 미소를 발견할 수 없었습니다. Y는 예전이나 지금이나 환하게 웃었지만 내가 그 웃음을 발견하지 못한 겁니다. 삶의 무게에 짓눌려 내 마음이 닫혀 있었던 겁니다. 내 눈이 감겨져 있었던 겁니다. 난 웃음을 볼 수 있는, 발견할 수 있는 시력을 점점 잃어버린 것입니다.

그런데 오늘, 기적적으로 잃어버린 시력을 회복했습니다. 진료실에서 나올 때 환하게 웃는 Y의 미소를 정확히 본 것입니다. Y가 아픔으로 인해 절망과 낙담에 빠진 그 순간, 나는 뜻밖에도 웃음을 발견할 수 있는 마음과 눈을 얻은 것입니다.

"원래 잘 웃잖아"

오늘따라 그 말이 참 고마웠습니다. 그리고 미안했습니다. 여태껏 이 병 저 병을 다 겪으며 통증에 시달려왔으면서도 늘 웃음을 잃지 않는 것, 참 대단합니다. 나보다 훨씬 낫고 나보다 어른입니다. 그 웃음을 이제 나도 잘 봐야겠습니다. 보면 함께 웃어주고 위로의 말도 잘 건네야겠습니다. 그래야 그 웃음을 지킬 수 있지 않겠습니까. 이제 나도 웃어줘야겠습니다.

어색하고 쑥스럽지만 그래도. 아니, 그래야 합니다.
소중한 사람이니까.

씨익~

적당한 억압

혼자라는 게 편하기도 하지만 때론 두렵기도 하다.
깊은 밤, 악몽을 꿔 눈이 번쩍 뜨일 때 떨리는 어깨를 토닥거려주는 이가 없다는 사실을 깨닫는 그 순간, 이 공간에 나 혼자밖에 없다고 느껴지는 그 순간 특히 그 밤이 더 두렵다. 이 두려운 밤을 피할 수 있는 방법은 딱히 없다. 그저 이불을 뒤집어쓴 채 최대한 내 몸을 숨기는 수밖에

허나 그딴 것은 그리 큰 문제가 되지 않는다.
그 순간을 잘 견디고 버텨내면 잊히기 마련이니까.

정작 혼자일 때 두려운 건 너무나 자유롭다는 거다.
그 누구의 말도, 그 누구의 시선도, 그 누구의 귀도 없다는 거다. 나의 게으름을 지적해줄 그 누군가의 잔소리가 없다는 것. 나의 욕망을 통제해주고 나무라는 그 누군가의 눈빛이 없다는 것. 나의 가슴속 얘기를 담아내 주는 누군가의 마음이 없다는 것. 그거야말로 정말로 두려운 거다.

내 생각은 그렇다.
인간은 적당히 자유를 억압시켜줘야 한다. 여기서 말하는 억압이란 게으름을, 욕망을, 고독을 움틀 수 없게 막아줄 수 있는 정도만큼의 억압이다.

그 억압을 얻기 위해선 결국 혼자이면 안 된다.
그래서 그런 걸까?
혼자인 사람들은 더 이상 망가지기 싫어서
그 좋은 자유를 포기한 채

짝을 찾아 나서는지도 모르겠다.

오늘도 바람이 불었다.
한 시인은 바람이 불면 압구정동에 간다지만 내 나침반은 홍대를 가리켰다.
저녁 즈음, 비가 올 거라는 일기예보를 믿고 우산을 챙겨 집을 나선다. 계단이 귀찮아 지하철이 아닌 버스를 택한다.
버스 정류장에 우두커니 서서 사람 구경을 한다. 게임에 빠져 있는 아이와 다음 차례를 기다리는 아이들, 좋은 사람을 만나러 가는지 잔뜩 멋을 낸 여자, 담배 연기를 내뿜으며 따분해하는 대학생. 눈과 눈의 마주침은 외면으로 이어지고 때마침 버스 한 대가 들어온다.

잠시 뒤, 그곳에 있던 사람들이 다 사라진다.
덩그러니 혼자 남았다.
벌써 3대의 버스를 그냥 보냈다. 약속도 없이 나선 길, 조급할 게 뭐 있나 싶기도 하고 막상 가봐야 할 일도 없는데 하는 생각. 그저 시간만 엿가락처럼 늘리고 있을 뿐
여섯 번째 홍대 버스를 타고 나는 지금 홍대로 간다.

불쑥 찾아가 커피 한 잔
내놓으라고 할 바리스타 하나쯤 알고 지낼걸

불쑥 찾아가 술 한 잔
하자고 할 친구 하나 이 근처에 심어놓을 걸
불쑥 찾아가 껴안아
뺨이라도 맞을 애인 하나라도 숨겨놓을 걸

이런 잡다한 생각을 하다 보니 어느새 홍대에 도착했다. KFC 옆 지하철 입구에서 서성이다가 이내 말뚝처럼 서 있다. 휴대폰도 만지작거리며 여기저기 쳐다보며 한숨도 내쉬며 기다릴 것도 없으면서 기다린다. 사람들은 오고 가고, 가고 오고, 사라지고, 나타나고 다시 사라지고 또 나타나고

그러는 사이, 비가 온다.
사람들이 순식간에 건물 안으로 사라지고 우산 든 나만 또 그 자리에 덩그러니 서 있다.

바람이 분다.
나를 그 자리에 남긴 채 고독은 바람 따라 걷는다.

안전난리

순식간에 하늘이 얼굴색을 바꿨다. 비가 그친 토요일 오후, 하늘이 맑아졌다. 군데군데 청소를 덜 끝냈는지 하늘에 뭉게뭉게 비누 거품이 남아 있다. 바람이 더 이상 흐르지 않는다.

사각의 유리창 틀 안에 토요일 오후의 그림이 걸려 있다.
며칠째 통증과 싸우고 있다.
정 힘들면 15분 간격으로 무통 주사 버튼을 누르라는 간호사의 말에 고개를 끄덕인다. 한 번 누르고 15분을 기다린다. 아무리 눌러도 주사약이 다량으로 나오진 않는다. 어찌 됐든 15분은 기다려야 한다. 물론 15분 동안에 통증이 사라지지 않는다. 이럴 바에야 왜 굳이 '무통'이라 이름을 지었는지 모르겠다. 통증은 잠잠해지지 않고 짜증은 점점 쌓여간다.

토요일 오후가 얄밉다.
차라리 비가 내렸으면, 주말 내내 내렸으면 억울하지도 않지 뭐가 좋다고 저리도 눈부신지. 저 멀리 무지개까지…

완전 난리가 났다. 나만 빼놓고 저것들이. 화딱지가 통증을 배가시킨다.

늘 그렇듯
나만 힘들고 다른 사람은 즐거운 것 같다.
나만 아프고 다른 사람은 평화로운 것 같다.
나만 괴롭고 다른 사람은 행복한 것 같다.

분명 아닐 텐데, 다른 사람 역시 괴롭고 아프고 힘들 텐데… 나만 그런 것 같다는 생각에서 벗어날 수 없다. 그래, 이 생각에서 굳이 벗어나려 애쓰지 말자. 부러우면 진다고 하나, 지는 것도 나쁘지 않지. 부러운 건 부러운 거니까. 어쩔 수 없다. 하루빨리 벗어나는 수밖에, 스스로 기운을 차리는 수밖에

통증을 참아본다.
저녁엔 죽 대신 밥으로 신청을 해야겠다.

2리터의 눈물

"내가 너를 이해할 수 있을 때까지 기다려줄 수 있니?"

그 말을 남긴 채 가버렸다.

끝이라는 걸 예감할 수 있었다. 난 이미 안다. 그가 남긴 말의 의미를. 어찌 사람이 사람을 이해할 수 있겠는가. 그건 절대로 나를 이해할 수 없다는 얘기다. 그러니 기다리지 말라는 말이다. 다시 보지 말자는 이별 통보나 다름없다.

행선지도 말하기도 전에 하염없이 눈물이 터져 나왔다. 기사님은 친절하게도 눈물을 흘릴 시간을 허락했다. 멈추려 해도 멈춰지지 않고. 일단 가주세요, 라는 말을 건넨 후에도 멈춰지지 않았다. 얼마나 쏟아낸 걸까. 만지면 바스락 부서질 정도로 온몸에서 모든 눈물이 다 빠져나갔다. 울 기운조차 없었다.

집에 들어서자마자 냉장고를 열어
2L 생수 한 통을 다 마셨다.
그리고 밤새도록 2L의 눈물을 또 쏟아냈다.

거북이처럼 고개를 내밀고 반나절 내내 키보드를 두드린다. 근 한 달간의 작업이 완성단계에 이른다. 얼추 한 사람의 인생이 윤곽을 드러낸다.

볕 좋은 봄날, 공원 벤치에 홀로 그가 앉아 있다.

화사한 꽃과 거짓 없는 사람들의 아름다운 수다 속에서 그의 고독은 더더욱 짙어간다. 그가 빵조각을 연못에 던진다. 순식간에 붕어들이 몰려든다. 먹고살겠다고 치열하게 덤벼드는 붕어를 보며 그가 눈물을 흘린다. 아니, 그 눈물에 뭔지 모를 미소가 번진다. 꽤 그럴싸한 마지막 문장이라 만족하며 읽고 또 읽는다. 고개를 끄덕인다.

그런데 그날 밤, 다시 읽어보니 미간에 세 줄 주름이 잡힌다. 붕어에 대한 등장이 과연 옳은 것일까. 문득 의문이 든다. 한숨을 내쉬며 backspace로 한 자 한 자 지운다. 붕어 등장 부분을 지운다. 모니터 속에서 붕어들이 사라진다. 문장이 담백하고 깔끔하다.

추가와 삭제를 오가며 완성하는 글쓰기

그러고 보면 글쓰기만 그런 게 아니다.
우리의 삶도 그렇다.
추가와 삭제의 양립 속에서 적절한 타협점을 찾는다.
어느 편에 설까, 어떤 꿈을 꿀까, 어떤 점을 내세울까, 어떤 상처를 지울까, 어떤 아픔을 떼어놓을까. 물러나고 재고 전진하고 뛰어들고 맞춰주고 끌어안고 배척하고…
추가와 삭제 사이, 살아갈 수 있을 만큼의, 견딜 수 있을 만큼의, 자존심을 지킬 만큼의 그 지점에서 우리는 늘 서성이며 그렇게 살고 있다.

다음 날 delete 할 수 없는 인생이기에
또 어김없이 살아간다.
오늘도 열심히 인생 키보드를 두드린다.

지는 것 또한 인생이고
아픈 것 또한 인생입니다.
다만 이 험한 세상에서
'다시'라는 작은 희망을 품고
오늘도 지치질 않기를 바랄 뿐

6장

그대 마음
지치지 않기를

스스로 못났다고 생각하는 당신에게

말주변이 부족한 사람이 아니라
더 신중히 말하는 사람일 뿐입니다.
출발이 늦은 사람이 아니라
준비를 더 충분히 한 사람일 뿐입니다.
누가 당신에게 부족한 점이 많다고 하던가요?
부족한 점이 많다는 것은
그만큼 좋아질 점도 많다는 것입니다.

두산의 기업 PR 광고 카피입니다.
이 광고를 접할 당시, 참 많은 위안을 얻었던 걸로 기억합니다. 저 역시 부족한 점이 많기 때문입니다.

말주변이 없고
생긴 게 그저 그렇고
가진 것 없고
게을러 보이는 몸매를 갖고 있고
우유부단하고
거칠지 못하고
낯짝도 두껍지 않고

스스로 판단하기에 이 험한 세상을 살아가기에 그다지 최적화된 모습은 아닌 것 같습니다. 그럼에도 이렇게 살아 있는 게 참 다행입니다. 아무런 개선도 없이 부족한 대로 살았다면 아마도 지금의 나는 없었을 겁니다.

누구나 다 그렇겠지만 부족함을 다 갖고 있습니다. 그것을 채우기 위해 발버둥 칩니다. 물론 채우려고 기를 쓴다고 해서 다 채워지는 건 아닙니다. 영영 채울 수 없는 부분도 있기 마련이죠. 다만 우리가 위안으로 삼아야 할 것은 지금의 부족함이 결국 나를 자극하고 발전시킨다는 사실입니다. 또한 음지가 있으면 양지가 있고 겨울이 지나면 봄이 오듯 부족한 부분이 있다면 분명 넘쳐나는 부분도 있다는 것입니다.

인도 영화「지상의 별처럼」이라는 작품이 있습니다. 이샨이라는 한 아이가 있는데 이샨은 학교생활이 그다지 즐겁지 않습니다. 이유는 친구들로부터 놀림을 당하기 때문입니다. 그리고 선생님께도 말썽쟁이, 게으름뱅이로 낙인이 찍혔습니다.

"이샨, 오늘 배울 곳을 읽어보렴"
"선생님, 글자들이 춤을 춰요."
"무슨 소리야? 공부해야지 거짓말하면 안 돼"
"정말로 글자들이 춤을 춰요."
"제자리에 앉아"

이샨은 거짓말을 한 게 아닙니다. 정말로 그의 눈에는 글자들이 춤을 추는 것처럼 보였습니다. 이샨은 듣고 말하는 데에는 어려움이 없지만, 문자를 판독하는 데에 어려움을 겪는 읽기 장애인 난독증을 앓고 있었던 겁니다.

친구들이나 학교 선생님은 난독증에 대한 이해가 없었기 때문에 놀림감이 되고 만 것입니다. 이샨은 학교도 다니기 싫고 공부에 대한 의지도 점점 떨어졌습니다.

어느 날, 새로 온 선생님은 이샨이 난독증이라는 걸 알게 됩니다. 그리고 선생님은 이샨에게서 그림 솜씨가 뛰어나다는 걸 발견하게 됩니다. 선생님은 이샨에게 부족함에 매달리지 말고 잘하는 것에 집중하라고 가르칩니다. 마침내 이샨은 교내 미술대회에서 우승을 차지하며 행복한 결말을 맺습니다.

이샨의 이야기는 단지 영화 속 이야기만은 아닐 겁니다.

우리가 몰라서 그렇지 난독증으로 고통을 겪고 있는 사람이 분명 주위에 있을 겁니다. 그러나 다행스러운 건 그 고통 역시 희망의 실마리가 될 수 있습니다.

피카소, 에디슨, 윈스턴 처칠, 레오나르도 다빈치, 안데르센 등도 난독증을 앓았지만, 훗날 위대한 사람이 되지 않았습니까.

만약 그들에게 난독증이라는 고통이 없었다면
결핍이 없었다면
과연 위대한 업적을 남길 수 있었을까요?

어쩌면 그들을 극심한 스트레스와 고통을 줬던 그것이 오히려 천재성을 깨우는 계기가 된 건 아닐까 생각해봅니다.

지금 당신은 부족함을 느낍니까?
당연히 느끼실 겁니다. 완벽한 사람은 없으니까요.
그러나 그 부족함은 결코 절망이 아닙니다.
모자람이 아닙니다. 끝이 아닙니다.

그 부족함이 새로운 길로 가게 할 것이고
뜻밖의 기회를 선사할 것입니다.

부족함은 불가능이 아닌
아직 발견하지 못한 가능성입니다.

돌이켜 생각해보면 저도 그런 것 같습니다. 부족한 것들이 많았기에 글 쓰는 내가 탄생한 게 아닐까요. 채워지지 않는 것들로 인해 많은 눈물을 흘렸지만 인생을, 진짜 나를, 재능을 발견해 주었지요. 그러기 때문에 부족함을 사랑합니다. 죽어도 채울 수 없는 그 부족함이 더더욱 고맙습니다.

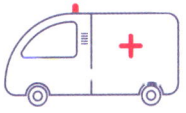

꿈 없으면 안 되는 줄 알았다

자기 계발서나 성공서, 이런 류의 책을 읽어보면 빼놓지 않고 하는 소리가 있다. 꿈을 가져라. 꿈을 강력하게 믿고 반드시 꿈을 이뤄라. 맞는 말이고 바라는 거다. 그런데 이런 사람은 어떻게 해야 하나? 꿈이 없는 사람. 만약 누군가가 전 꿈이 없어요 라고 말한다면 사람들은 어떤 반응을 보일까. 대부분 사람들은 이렇게 말할 것이다.

"사람이 왜 그래? 사람이 꿈이 있어야지. 꿈 없으면 그건 사람도 아니야!"

이렇듯 언제부턴가 사람들은 꿈을 요구하거나 강요한다.

꿈이 없다. 난. 그럼 난 사람이 아닌 건가. 사람이 아니면 뭘까. 그냥 생명체? 별에서 온 외계인? 물론 꿈이 아예 없었던 건 아니다. 처음엔 물에 젖은 솜처럼 꽤 무거웠다. 그런데 어른이 된 후로 물기가 점점 말라가더니 어느 순간에는 솜만 남았다. 후, 입김으로도 날아가 버리는 작고 힘이 없는 꿈. 꿈이 있었던가? 이제는 기억도 없다.

꿈이 없는 게 자랑은 아니지만 그렇다고 슬픈 일은 아니다. 모든 사람이 다 꿈이 있어야 하는 건 아니다. 꿈이 없어도 삶은 계속되고 꿈을 잃어도 어김없이 내일은 시작된다.

꿈을 이룬 사람은 중앙에 서고 꿈이 없는 사람은 중앙에서 다소 벗어난 곳에 서 있으면 된다. 중앙이 아니라고 해서 실패한 인생은 아니다.

남의 꿈을 부러워할 필요도 없고 꿈에 대해 집착할 필요도 없다. 안 생기는 걸 어쩌란 말인가. 잃어버린 걸 어쩌란 말인가. 의외로 꿈 없이 사는 사람들이 많다. 없어도 사람이고 없이도 잘만 살아간다. 꿈이 별건가 하루하루 살아가는 게 꿈이고 기적이지. 네 꿈이 뭐니? 그따위 거 묻지도 말고 답하지도 말자. 살다 보면 생기는 거고, 살다 보면 없어지는 거지 뭐

오늘은 모두 일찍 불을 끄고 자자. 밤새도록 실컷 꿈이나 꿔보자. 꿈 없는 사람들끼리 꿈에서 만나 위로하고 격려하고 재미나게 놀자

그걸로 된 거 아닌가. 꿈, 그게 뭐 별건가

홀로서기 연습

사랑하는 사람을 잃으면 마음의 상처가 면역체계를
약화시켜 중병에 걸리는 위험을 높인다.

이런 신문 기사를 읽은 적이 있다.
하나에서 열까지 모든 것을 늘 함께하다가
그 모든 것을 혼자서 해야 할 때
얼마나 불편하고 허전하겠는가
얼마나 그립고 쓸쓸하겠는가

받아들여야 한다.
이 세상에 영원한 건 없다. 혼자가 되는 연습이 필요하다.

혼자서 살아가는 법을 시나브로 터득해놔야 한다.

혼자 연습

오늘 식당에서 홀로 밥을 먹었다.
다들 짝짝이 오거나 여럿이 왔는데 나만 혼자다.
심심하고 불안하다. 타인들의 시선이 신경 쓰인다.
그래도 꿋꿋이 먹었다. 공깃밥 하나 더 추가로 먹었다.

분명 오늘 내 면역체계는 더 강해졌을 것이다.

차라리 모르는 편이

어느 날, 그가 깊은 얘기를 내게 꺼냈다. 어릴 때 받은 상처며 숨기고 싶었던 비밀이며 굳이 말하지 않아도 될 시시콜콜한 이야기까지 내 앞에 다 내려놓았다. 그의 얘기를 듣는 동안, 내 마음은 복잡했다. 왜 갑자기 그런 얘기를 나에게 한 걸까. 왜 굳이 나에게

나는 그에게 믿음을 준 적도 없을뿐더러 사실 서로의 관계가 소홀했으면 했지 그리 가까운 사이가 아니었다. 그런데 뜻밖의 그의 얘기에 당황스럽기도 하고 한편으로는 고맙기도 했다. 단지 답답한 속내를 털어놓을 사람이 필요했던 걸까. 그래서 아무나 붙잡고 그런 걸까. 그런 건 아닐 거야. 빈틈이 없을 정도로 뭐든지 확신에 찬 그가 아니던가. 짐작하건대 그는 예전부터 나를 관찰하고 있었던 게 분명하다.

과묵한 입과 편안한 인상을 가진 나를 보고, 조금씩 믿음을 쌓아온 게 분명하다. 그가 나에게 비밀을 다 털어놓음으로써 그와 나는 마음의 동지가 될 수 있었다.

그런데 오다가다 마주쳤을 때 그와 나 사이에 묘한 감정이 흐른다는 걸 느낄 수 있었다. 이제 하나라 생각이 들지만 서먹함은 여전했고 그의 눈빛 속에 왠지 비밀을 지켜달라는 암묵적인 명령이 있는 듯했다. 나 혼자만의 생각일진 몰라도 여하튼 몰랐을 때보다 관계가 더 어색해졌다. 내 비밀도 다 털어놓아야 완벽한 동지가 될 수 있는 걸까. 그래야 거래가 성립되는 걸까. 마음이 복잡했다.

안다는 것, 그건 대론 불편한 일이다.

노트북이나 스마트폰 혹은 카메라 같은 제품을 살 때 너는 어떤 브랜드를 선호하니? 대부분 사람들이 그러하듯 이왕이면 잘 알려진 유명 브랜드를 선호할 거야. 어쩌면 그건 당연한 건지도 몰라. 유명 브랜드는 신뢰할 수 있으니까. 물론 그 신뢰가 100%는 아니지만 그래도 익숙한 거에 대해 우리는 후한 점수를 주잖아. 그리고 많은 사람들이 이미 그 제품을 사용해 봤기 때문에 일종의 혹독한 검증을 받은 셈이기도 하지. 그러니 이왕 살 거라면 잘 알려진 브랜드의 제품을 사겠지. 그게 안전빵이니까

그런데 인생은 말이야
안전빵이랑 친해지면 안 돼

노트북, 스마트폰, 카메라하고는 달라. 익숙한 브랜드니까 이미 남들에게 검증된 거니까 나도 뭐 이걸로 하자. 그렇게 생각했다가는 별 볼 일 없는 인생을 사는 거야.

인생은 좀체 달라지지 않아. 익숙한 길, 검증된 길로 가면 잘 돼봤자 남들처럼 그렇게 사는 거야

한번뿐인 인생, 좀 다르게 살고 싶다면
다른 길을 선택해야 해

물론 그 길은 처음 가보는 길이기 때문에 낯설고 때론 위험하기도 할 거야. 그 길을 간다고 손가락질을 하거나 안타까워하는 사람들도 분명 있을 거야. 신경은 쓰이겠지만 그렇다고 그거에 너의 인생을 빼앗기지는 마. 네 인생은 네가 사는 거니까. 굳이 길을 물을 필요도 없어. 네가 길을 만들면 되니까.
그 길에 대해 확신을 갖기란 오랜 시행착오와 결단이 필요하겠지만 그 길에 확신을 갖게 된다면 누가 뭐라고 해도 그 길이 옳은 거야. 아니 100%라고 장담할 순 없지만 그렇다고 틀린 것은 절대 아니야. 어차피 인생의 길에 옳고 그름이 없으니까.

다른 길이라 망설여지겠지만
분명 너는 잘 해낼 수 있을 거야
그 길이 분명 너를 더 강하고 더 깊게 만들 거야
자, 어서 한 걸음 힘차게 내디뎌. 그래, 그렇게 가는 거야
힘들고 지칠 때, 로버트 프로스트의 시 〈가지 않는 길〉이
위로해줄 거야

    훗날에 나는 어디에선가
    한숨을 쉬며 이 이야기를 할 것입니다.
    그 숲속에 두 갈래 길이 갈라져 있었다고
    나는 사람이 적게 간 길을 택하였고
    그것으로 해서 모든 것이 달라졌다고

그대여, 우리 너무 깊어지지 말자
웅덩이가 너무 깊으면
맑은 물도 썩기 마련인 것을
하늘이 너무 높으면
새들도 지쳐 쓰러지거늘

그대여, 우리 너무 집착하지 말자
사랑이 너무 질퍽하면
작은 상처에도 큰 아픔이 되기에

그대여, 우리 정말 야트막이 사랑하자
아프지 않을 만큼만 사랑하고
그리워할 만큼만 사랑하자

그립다는 이유로
하나가 되기만을 강요하지 말고
사랑한다는 이유로
마음의 감옥에 서로를 가두지 말자

그를 만나러 가는 길

한 여자가 있습니다.
그 여자의 얼굴은 한껏 들떠있습니다. 그 이유가 뭘까요?
좋은 사람과 만나기로 한 약속 때문입니다.

약속 시간까지 남은 시간은 4시간. 4시간은 외모를 갈고 닦는 시간. 머리 감고 드라이하고 촉촉한 트리트먼트도 뿌립니다. 옷장에서 입을 만한 옷을 고르고, 맘에 들지 않아 다시 또 이 옷 저 옷들을 꺼내 들고 그래도 마땅한 것이 없어 방바닥에 주저앉아 한숨을 내쉬고 옷장에 옷은 많은데 막상 입으려면 왜 이렇게 맘이 드는 게 없는지…

"그래, 이걸로 하자"

거울 보며 옷맵시 고치고 다시 거울을 보며 미소를 만들어보고 다시 거울을 보고 뒤태를 점검하고 몇 시간째 거울 앞에 서 서성입니다. 그 사람 앞에서는 조금 더 예쁘고 완벽해 보이고 싶은 마음. 하지만 뭔가 부족하고 어설프게만 보이는 거울 속 나

누군가에 의해 내가 조금이라도
멋지게 변할 수 있다는 것, 내가
작게나마 설렐 수 있다는 것, 내가 한 번이라도 더 미소 짓는
연습을 한다는 것, 살면서 이 순간만큼 행복했던 때가 있을까
요. 설렘 반 떨림 반으로 채워지는 이 시간, 굳이 많은 말을 섞
지 않아도 그저 보는 것만으로도 이미 꽉 차는 이 마음

좋은 사람과의 약속. 약속한 장소까지는 이제 열 걸음
한 걸음, 한 걸음 그에게로 가는 이 발걸음은
내가 그에게 가는 게 아니라
그가 내 안으로 들어오는 순간

좋은 사람을 만나고 싶습니다.
날이 좋은 날, 좋은 사람과 함께 걷고 싶습니다.
두 손 살포시 쥐고 지구 한 모퉁이에
둘만의 흔적을 남기고 싶습니다.

비가 오든 안 오든 위로가 필요해

비가 오면 생각나는 게 있니?
옛 연인과 함께 우산을 쓰고 걸었던 그 공원 길?
비를 흠뻑 맞으며 그의 집 앞에서 기약도 없이 기다렸던 그날 밤의 스산함?
삼선슬리퍼 신고 뛰다가 빗길에 넘어져 스타일 구긴 그날?

비에 관한 추억은 사람마다 다 다를 거야
사는 동안 겪었던 경험이 다르고 사상이 다르고 인연이 다르고 운명이 다르니까. 그런데 말이야. 서른이 지나 중년의 나이가 되면 아니, 사람에 치이고 세상을 알아갈 나이가 되면 공통적으로 '비' 하면 연상되는 게 있어.

그게 뭔 줄 아니? 바로 '막걸리와 전'이야
물론 이 말에 동의하지 않는 사람도 있을 거야. 막걸리를 탐탁지 않게 생각할 수도 있으니까?

그렇지만 선술집 혹은 Bar에 앉아 낭만이 됐건 한탄이 됐건
비에 젖고 술에 젖고 인생에 젖고 싶은 심정은 다 비슷할 거야

비가 오면 누구나 다 위로받고 싶으니까

오늘은 참 이상해
비가 오는 것도 아닌데 갑자기 왜 막걸리 생각이 나지?
이쯤 되면 중독인지 아니면 마음에 비가 내려서 그런 건지
공덕시장에 전집, <무한도전>의 '정 총무가 쏜다'로 유명한
그곳, 문득 그 집이 생각나 집을 나섰지

늦은 감은 있지만, 길가에 제법 벚꽃이 피었더라고. 다들 여의도로 꽃구경 가셨나 거리는 참 한산했어. 아파트가 즐비한 언덕길을 넘어 한가로이 걸었지. 이제 겨우 4시인데도 벌써 전집 안에 사람들이 군데군데 자리를 잡고 있었지

밤이 되지 않아도, 비가 오지 않아도

위로받고 싶은 사람은 참으로 많다는 걸 알았지

막걸리와 전 그리고 나
삼자대면하며 세 평 남짓한 우주에서 저녁으로 넘어가는 시간을 보냈어. 내 속의 수만 가지 언어와 몸짓을 삼킨 채 내가 나를 안으며 그렇게 취해갔지. 취하니까 좋았어. 머릿속이 텅 빈 듯했거든. 걱정도 근심도 한순간에 사라지고 물론 꿈도 미래도 사라졌지

그 무념의 시간, 초월의 느낌이 참 좋았어
이대로 멈췄으면 했지
이대로 깨어나지 않았으면 했지

집으로 오는 길
비뚤비뚤 길바닥에 발끝으로 낙서를 하며 걸었지
그리고 온통 이 생각밖에 없었어
취기가 사라지기 전에 오늘만큼은 빨리 잠들었으면
기나긴 밤, 우주를 유영하는 이름 없는 별이 되지 않기를…

정말 잘 지내자

아프지 말고

잘 지내고 있다는 거짓말

초판 1쇄 인쇄 2020년 9월 10일
초판 1쇄 발행 2020년 9월 15일

저 자	김이율
그 림	박운음
펴낸이	전형주, 전익균
기 획	조양제, 백현서
이 사	김영진
실 장	허태훈
편 집	김 정
관 리	이주용, 전이랑, 조성오
개 발	박수아
디자인	페이퍼제로
교 육	민선아
마케팅	팀메이츠

펴낸곳 (주)아미푸드앤미디어, 도서출판 새빛
전 화 02)2203-1996   **팩 스** 050)4328-4393
출판문의 및 원고투고 이메일 svedu@daum.net
등록번호 제215-92-61832호   **등록일자** 2010. 7. 12

가 격 14,000원
ISBN 978-89-92454-88-9(03810)

이 도서의 국립중앙도서관 출판시도서목록(CIP)은 서지정보유통지원시스템 홈페이지(http://seoji.nl.go.kr)와
국가자료공동목록시스템(http://www.nl.go.kr/kolisnet)에서 이용하실 수 있습니다.(CIP제어번호 : CIP2020015589)